오륜행실도

五倫行實圖

오륜행실도

五倫行實圖

그림과 이야기로 배우는
사람답게 사는 법

정조 명찬 | 이숙인 역해

규장각 019
새로 읽는
우리 고전

아카넷

'규장각 고전 총서' 발간에 부쳐

고전은 과거의 텍스트이지만 현재에도 의미 있게 읽힐 수 있는 것을 이른다. 고전이라 하면 사서삼경과 같은 경서, 사기나 한서와 같은 역사서, 노자나 장자, 한비자와 같은 제자서를 떠올린다. 이들은 중국의 고전인 동시에 동아시아의 고전으로 군림하여 수백 수천 년 동안 그 지위를 잃지 않았지만, 때로는 자신을 수양하는 바탕으로, 때로는 입신양명을 위한 과거 공부의 교재로, 때로는 동아시아를 관통하는 글쓰기의 전범으로, 시대와 사람에 따라 그 의미는 동일하지 않았다. 지금은 이들 고전이 주로 세상을 보는 눈을 밝게 하고 마음을 다스리는 방편으로서 읽히니 그 의미가 다시 달라졌다.

그러면 동아시아 공동의 고전이 아닌 우리의 고전은 어떤 것이고 그 가치는 무엇인가? 여기에 대한 답은 쉽지 않다. 중국 중심의 보편적 가치를 지향하던 전통 시대, 동아시아 공동의 고전이 아닌 조선의 고전이 따로 필요하지 않았기에 고전의 권위를 누릴 수 있었던 우리의 책은 많지 않다. 이 점에서 우리나라에서 고전은 절로 존재하였던 과거형이 아니라 새롭게 찾아 현재적 가치를 부여하면서 그 권위가 형성되는 진행형이라 하겠다.

서울대학교 규장각한국학연구원은 법고창신의 정신으로 고전을 연구하는 기관이다. 수많은 고서 더미에서 법고창신의 정신을 살릴 수 있는 텍스트를 찾아 현재적 가치를 부여함으로써 새로운 고전을 만들어가는 일을 하여야 한다. 그간 이러한 사명을 잊은 것은 아니지만, 기초적인 연구를 우선할 수밖에 없는 현실로 인하여 우리 고전의 가치를 찾아 새롭게 읽어주는 일을 그다지 많이 하지 못하였다. 이제 이 일을 더 미룰 수 없어 규장각한국학연구원에서는 그간 한국학술사 발전에 큰 기여를 한 대우재단의 도움을 받아 '규장각 새로 읽는 우리 고전 총서'를 기획하였다. 그 핵심은 이러하다.

현재적 의미가 있다 하더라도 고전은 여전히 과거의 글이다. 현재는 그 글이 만들어진 때와는 완전히 다른 세상이다. 더구나 대부분의 고전은 글 자체도 한문으로 되어 있다. 과거의 글을 현재에 읽힐 수 있도록 하자면 현대어로 번역하는 일은 기본이고, 더 나아가 그 글이 어떠한 의미가 있는지를 꼼꼼하고 친절하게 풀어주어야 한다. 우리 시대 지성인의 우리 고전에 대한 갈구를 이렇게 접근하고자 한다.

'규장각 새로 읽는 우리 고전 총서'는 단순한 텍스트의 번역을 넘어 깊이 있는 학술 번역으로 나아가고자 한다. 필자의 개인적 역량에다 학계의 연구 성과를 더하여, 텍스트의 번역과 동시에 해당 주제를 통관하는 하나의 학술사, 혹은 문화사를 지향할 것이다. 이를 통하여 우리의 고전이 동아시아의 고전, 혹은 세계의 고전으로 발돋움할 수 있기를 기대한다.

기획위원을 대표하여 이종묵이 쓰다.

차례

4부 형제도

가족윤리를 통해 사회윤리를 확보하는
다섯 가지 인간관계

　인간사회의 관계를 유교적 가치로 편성하면 크게 다섯 가지 유형이
된다. 부자·군신·부부·장유·붕우가 그것인데, 각 관계에서 요구되
는 윤리가 곧 오륜(五倫)이다. 핵심 인륜(人倫) 다섯 가지는 『맹자』에서
제기되어 이후 유교사회의 기본 윤리가 되었다. 이 중 부자·군신·부
부는 부위자강(父爲子綱), 군위신강(君爲臣綱), 부위부강(夫爲婦綱)이라 하
여 삼강(三綱)이라 일컫기도 한다. 이 둘을 합한 이른바 삼강오륜은 근
대 이전의 한국사회에서 '사람다운 도리'라는 의미로 쓰였다.

　『오륜행실도』는 중국과 한국의 역대 문헌에서 오륜(五倫)의 행실(行實)
이 뛰어난 인물을 가려 뽑아 해당 인물의 사적(事蹟)을 서술하고 시(詩)
와 찬(贊)을 붙여 편찬한 조선후기의 교화서다. 교화의 효과를 높이기
위해 사적 내용을 요약한 그림을 함께 싣고 있는데, 책의 이름에 '도(圖)'

가 붙은 이유이기도 하다.

『오륜행실도』는 『삼강행실도』와 『이륜행실도』를 합본한 것이다. 『삼강 행실도』는 세종 16년(1434)에 처음 만들어졌고 성종 21년(1490)에 산정 본이 나왔는데, 『오륜행실도』는 이 산정본을 저본(底本)으로 했다. 세종 대의 『삼강행실도』는 충·효·열 각 110편씩 모두 330편이었는데, 성종 대의 산정본에서는 각 35편을 선정하여 모두 105편이다. 『이륜행실도』 는 장유와 붕우의 도를 가르치기 위해, 중국의 역대 문헌에서 이륜의 행 실이 뛰어난 인물을 뽑아, 그 인물의 사적을 찬시(讚詩)와 더불어 엮은 교 화서다. 중종 13년(1518) 왕명으로 간행했는데, 김안국의 건의에 의한 것이다.

『오륜행실도』의 편찬은 삼강과 이륜의 두 행실도가 유포된 지 오래되 어 착란되었거나 본래부터 잘못된 것을 바로잡는 수준에서 이루어졌는 데, 모두 5권 4책으로 구성되었다. 인물을 더 늘릴 수도 있었지만 대상 을 넓힐 경우 평가의 문제가 쉽지 않아 출간이 더딜 수 있어 차라리 그대 로 이어받는 것이 낫다고 여긴 것이다. 삼강과 이륜을 합하면서 판화를 새로 제작했는데, 그것이 갖는 미술사적 의의가 큰 것으로 평가되고 있 다. 책의 편찬은 정조 21년(1797) 어명을 받은 심상규(沈象奎)와 이병모 (李秉模) 등이 맡았다.

『오륜행실도』의 제작에는 국왕 정조의 의지가 크게 작용했다. 풍속 의 정화를 위한 것인데, 정치는 조정에서 하고 풍속은 민간에서 만들어 진다고 여긴 것이다. 즉 "자기 집 늙은이를 섬겨서 남의 집 늙은이에게

까지 미친다"고 하는, 가족윤리를 통해 사회윤리를 확보하려는 것이다. 또한 정조는 개인적으로 어머니 혜경궁 홍씨를 통해 어버이를 사랑하는 자가 남을 미워할 수 없고, 어버이를 공경하는 자는 남을 소홀히 대할 수 없다는 믿음을 가지게 되었다. 그는 서문에서 "내가 하늘이 주신 복으로 어머님의 회갑을 맞이하여 온 나라 백성들과 그 즐거움을 함께하게 되었다"고 밝혔다.

『오륜행실도』는 모두 5권 4책으로 구성되었다. 여기에 실린 사람은 총 150명으로 효자 33명, 충신 35명, 열녀 35명, 형제 31명(종족 7명 포함), 붕우 16명(사생 5명 포함)이다. 우리나라 사람은 효자 4명, 충신 6명, 열녀 5명으로 모두 15명이고, 나머지 135명은 중국 인물이다.

『삼강행실도』와 『이륜행실도』를 합책한 것이기에 목차 및 내용은 저본과 대체로 일치하지만, 체제 면에서는 몇 가지 차이를 보인다. 먼저 언해문을 본문 밖 난상(欄上)에 배치한 저본과는 달리 『오륜행실도』는 본문 안에 포함시켜 한문 원문과 나란히 배치하고 있다. 또 『이륜행실도』에서는 형제(兄弟)·종족(宗族)·붕우(朋友)·사생(師生)을 각각 독립시켜 실었는데, 『오륜행실도』에서는 오륜에 맞추어 형제와 붕우에 종족과 사생을 각각의 부록으로 삼은 것이다. 그리고 사적을 묘사한 도판에서 시공간의 변화에 따라 연속 장면으로 구성한 저본과는 달리 『오륜행실도』는 핵심 장면 하나에 초점을 맞춰 구성을 단순화하고 있는 점이다. 마지막으로 『오륜행실도』 제작의 시대와 맞지 않아 삭제한 경우와 제목이 바뀐 경우가 각각 3편 있다. 그런 점에서 『오륜행실도』는 조선시대 행실도

유의 '종합수정판'의 성격을 갖는다.

　『오륜행실도』는 정조가 내린 윤음(綸音)과 이만수(李晩秀)의 서문, 권채(權採)가 세종 14년(1432)에 쓴 「삼강행실도원서(三綱行實圖原序)」, 윤헌주(尹憲柱)가 영조 5년(1726)에 쓴 「삼강행실도원발(三綱行實圖原跋)」, 강혼(姜渾)이 중종 13년(1518)에 쓴 「이륜행실도원서(二倫行實圖原序)」를 수록하고 있다. 일반 백성을 독자로 상정한 것이므로 행적을 이미지로 보이고 다음으로 설명을 하는 체제로 구성했다. 『오륜행실도』의 그림은 구도나 인물의 표현 등에서 김홍도(1745~1806)의 화풍이 나타나고 있는데, 편찬을 주도한 심상규(1766~1838)와 이병모(1742~1806)가 김홍도와 친분관계가 있었다는 점에서 그 제작에 참여했을 가능성이 제시되었다.[1] 『오륜행실도』는 관례에 따라 주요 관청과 문신, 편찬에 참여한 규장각의 각신과 초계문신들에게 배포되었다. 그리고 서울의 5부, 팔도의 감영, 사도(四都)의 유수부, 330주현의 관리와 향교에도 각각 한 질씩 배포하였다. 배포한 수가 다른 책에 비해 많은 것은 교화를 목적으로 한 책이기 때문이다. 〈표 1〉은 삼강과 이륜의 두 책이 『오륜행실도』로 합본되면서 변화한 사항을 정리한 것이다.

　본 편역서는 규장각본 『오륜행실도』를 저본으로 한다. 편역은 일반 독자들이 『오륜행실도』를 손쉽게 접근하도록 했고, 오륜의 내용이나 스토리에 주목하도록 했다. 국어학 연구자들이 중심이 된 기존의 번역

---

1 김준현, 『단원 김홍도 연구』, 일지사, 1999.

| 표 1 | 『삼강행실도』·『이륜행실도』·『오륜행실도』의 내용 편성

·	삼강행실도(산정본)	이륜행실도	오륜행실도
孝子	35인	·	33인(郭巨埋子·元覺警父 삭제)
忠臣	35인 枋得茹蔬	·	→ 35인 枋得不食
烈女	35인 彌妻啖草	·	→ 35인 彌妻偕逃
兄弟	·	25인	24인(盧操策驢 삭제)
附宗族	·	7인 元伯同爨	→ 7인 張閏同爨
朋友	·	11인	11인
附師生	·	4인	5인(元定對榻 추가)
계	105인	47인	150인

서들[2]은 표기법이나 언어형태 등을 밝히는 데 집중되어 있어 일부 전문
가를 위한 것이라 해도 과언이 아니다. 현대어 번역 또한 언해본을 토
대로 한 것이어서 언해본의 틀린 해석을 그대로 썼다. 언해본에 노정된
오역 부분과 한문 원전과 어긋난 부분을 그대로 따른 것도 문제라 할
수 있다. 주석 또한 국어학과 관련된 것이어서 인문학적 요구를 가진 일
반 독자들을 만족시키기에는 한계가 있다. 이런 점들을 보완하는 의미

---

2 송철의 외, 『역주 오륜행실도』, 서울대출판부, 2006; 성낙수 외, 『역주 오륜행실도』, 세종대왕
   기념사업회, 2016.

에서 본 편역서는 오륜 각 편의 내용을 소개하는 데 비중을 두었다.

책은 그림, 번역, 한문 원문, 평설의 순서로 구성했다. 원본의 한글 언해는 현대어로 대체하였고, 시·찬을 본 편역본에서는 제외했다. 행적을 요약한 성격의 시는 본문의 내용과 중복되는 감이 있고, 칭송 일변도의 찬은 오늘날의 대중적 정서에 맞지 않는다고 여겼기 때문이다. 역주는 내용을 이해하는 데 중점을 두었고, 언해문의 표기나 의미에 대해서는 다루지 않았다.

본 편역서는 75편으로 『오륜행실도』 150편의 절반에 해당한다. 「효자도」 17편(33), 「충신도」 17편(35), 「열녀도」 17편(35), 「형제도」 16편(31), 「붕우도」 8편(16)이다. 선별의 원칙은 고전적 가치가 있거나 많이 언급된 사례를 중심으로 했고, 유사한 유형의 사적은 반복되지 않도록 했다. 번역은 한문 원전을 토대로 하고 언해본은 참고로 활용했다. 평설에서는 고전적으로 의미가 있거나 많이 인용된 사적들에 대해서 활용의 사례와 맥락을 밝히고자 노력했다.

1부

효자도

유교사회에서 효(孝)는 단순한 도덕 개념이기보다 사회와 국가를 유지시키는 질서 개념에 가깝다. 효의 목적이 전적으로 부모에 대한 보은에 있다면 효를 권장하고 불효를 응징하는 것에 국가가 나설 필요가 있겠는가. 부모에 대한 효가 임금에 대한 충으로 확장된다는 구도에서 효자 발굴이 국가 사업이 되었고, 효행 서사를 만들어내는 데 지식인들이 동원되었다.

　따라서 『오륜행실도』에 실린 33편은 사실에 대한 기록이기보다 부모가 처한 다양한 상황에서 제시된 효행의 매뉴얼이라고 할 수 있다. 효행이 이루어진 시기는 크게 평상시(平常時)·이변시(異變時)·사후(死後)로 구분된다. 평상시는 음식과 정성으로 부모의 몸과 마음을 잘 봉양했다는 이야기 구조를 보이고, 이변시는 호랑이나 난리를 만나고, 모함을 받아 옥에 갇히는 등의 일을 당한 부모를 구해내는 이야기다. 또 부모가 죽은 후 상장례를 정성스레 행하거나 여묘살이와 제사를 행하는 것을 들고 있다. 대개는 누구나 할 수 있는 일상적인 것이기보다 특별하고 극적인 형태를 띤 것들이다.

「효자도」 33인 가운데 남성이 29명이고 여성은 4명인데, 효행의 주체인 남성은 모두 아들이고 여성은 딸이 2명이고 며느리가 2명이다. 또 29명이 중국인이고 4명이 한국인이다. 중국의 효행이 조선에서도 그대로 인용되었는데, 효자의 정성이 자연을 감동시킨 이야기나 위기에서 어버이를 구한 사례, 부모의 사후까지 봉양한 유형의 이야기들이다. 중국과 다르게 우리나라 효열(孝烈) 설화에는 호랑이가 자주 등장하는데, 이는 호피가 특산물이었다는 한국 고대사회의 서술과 상응하는 내용이다. 호랑이의 급습을 받은 아버지를 딸이 구해내거나 남편을 물어가는 호랑이를 맨손으로 때려잡은 아내의 이야기 등이다. 위기에서 가족을 구하고자 괴력을 발한 이들의 행위가 사실일 수 있으나 이러한 특수한 사례를 그 시대 도덕률인 효나 열과 결부시켜 교훈으로 삼은 것이다. 자녀나 아내가 호랑이에게 물려가고 아버지나 남편이 구해낸 사례도 충분히 있을 것이나 효열의 서사로 권정되지는 않았다.

조선후기로 가면 효가 이념화하여 맹목적인 형태로 전개됨으로써 파생한 문제가 허다했다. 효행에 국가의 대가가 따름으로써 효가 이익을 얻는 수단이 된 것이다. 조선후기의 사상가 정약용은 손가락을 잘라 피를 내어 부모를 먹이거나 넓적다리 살을 베어 구워 먹이는 일 등의 극단적인 행위는 부모가 위급한 상황에서 자식으로서 할 수도 있지만 이러한 사례를 교훈으로 삼고 나라가 그런 사람에게 특혜를 주는 것은 바람직하지 않다고 보았다. 그것은 곧 "백성들에게 부모를 이용하여 명예를 낚아 부역(賦役)을 피하게 하고, 간사한 말을 꾸며서 임금을 속이게 하는 짓"이 되기 때문이다.

『오륜행실도』효자도는 중종대의 산정본『삼강행실도』(1481)를 저본으로 했다. 중종대의 산정본은 세종대의『삼강행실도』(1432) 110인을 35인으로 줄인 것이다. 즉 산정본은『삼강행실도』에서 "절행(節行)이 특이한 것을 골라 간략하게 만들어 여러 고을에 반포"한다는 취지로 제작했다.『오륜행실도』는 여기서 다시 2인을 제외해 33인으로 만들었다. 어머니를 잘 모시기 위해 아들을 땅에 묻으려 했던 곽거(郭巨)와 할아버지를 버리고 온 아버지를 가르친 원각(元覺)을 수록하지 않았는데, 인정(人情)에 어긋나기 때문이라는 것이다. 「효자도」33인은 원(元)나라 곽거경(郭居敬)이 편찬한 「이십사효(二十四孝)」에서 11명을 선택하여 재수록했다. 이 책은 「효자도」33인을 유형별로 정리하여 서사 구조가 비교적 단단하고 즐겨 인용되는 인물 17인을 가려 뽑았다.

01

자로가 쌀을 지고 오다
子路負米

子路負米
魯 列
國

중유(仲由)의 자(字)는 자로(子路)로 공자의 제자다. 부모를 지극한 효성으로 섬겼다. 집이 가난하여 나물만 먹는데도, 부모를 위해서는 백리 밖에서 쌀을 지고 왔다. 부모가 세상을 떠난 뒤에 남쪽 초(楚)나라에 가서 높은 벼슬을 하게 되었다. 따르는 수레가 백 개였고 창고에는 수많은 양식을 쌓아두었다. 또 자리 위에는 방석을 겹겹이 깔고 앉았으며 부엌에는 솥을 몇 개나 늘어놓고 요리해서 먹었다. 하지만 탄식하며 말하기를, "나물을 먹으면서도 부모를 위해서는 쌀을 직접 지고 왔는데, 이제 할 수가 없구나"라고 했다. 공자가 이 말을 듣고 말했다. "중유야말로 부모가 살았을 때는 힘을 다해 모시고, 부모가 죽은 뒤에는 사모하기를 극진히 하는 사람이다."

仲由字子路, 孔子弟子. 事親至孝. 家貧, 食藜藿之食, 爲親負米於百里之外. 親歿之後, 南遊於楚. 從車百乘, 積粟萬鐘. 累茵而坐, 列鼎而食. 乃嘆曰, "雖欲食藜藿之食, 爲親負米, 不可得也." 孔子聞之曰, "由也, 可謂生事盡力, 死事盡思者也."

❁

자로(子路, 기원전 543~480)는 공자 제자 가운데 독특한 경력의 소유자였다. 원래 천인이었던 그는 공자의 계도로 문하에 입문했고, 그 가르침을 잘 실천하며 스승을 헌신적으로 섬긴 것으로 전해진다. 『논어』에는 「자로」편이 있는데, 그만큼 공자의 곁에서 배움을 갈고닦은 제자

가운데 한 사람이다. 공자의 사생관이 잘 드러난 "삶도 모르는데 죽음을 어찌 알겠는가"라고 한 말도 귀신에 대한 자로의 질문을 받고 한 대답이다. 공자의 자로에 대한 평가는 재물을 대하는 자세와 관련이 있다. 즉 "호화로운 옷을 입은 사람 곁에서 다 떨어진 초라한 옷을 입고 서 있어도 부끄럽게 여기지 않을 사람은 자로뿐"이라고 했고, "다른 사람의 재물을 탐내 얻으려고 하지 않는 사람은 자로"라고 했다(『논어』 「자한(子罕)」). 자로의 이 고사는 위친부미(爲親負米)라는 제목으로 24효에도 실려 있다.

02

설포가 부모 집을 청소하다
薛包洒掃

설포(薛包)는 한(漢)나라 여남(汝南) 사람이다. 아버지가 후처를 맞이하며 포를 미워하여 내쫓자 밤낮으로 목 놓아 울면서 나가지 않았다. 이에 아버지에게 매를 맞고 쫓겨나게 되었는데, 집 밖의 헛간에 거처하며 날이 새면 집 안으로 들어와 빗질하며 청소했다. 아버지는 화를 내며 더 멀리 쫓아냈다. 포는 마을 어귀의 움막에 거처하며 아침과 저녁 문안 인사를 빠뜨리지 않고 매일 했다. 그렇게 1년 남짓 하자 부모는 자신의 행위를 부끄러워하며 포를 집으로 들어오게 했다. 부모가 세상을 떠나자 아우는 재산을 나누어 따로 살기를 원했는데, 포로서는 아우의 뜻을 말릴 수가 없었다. 노비 중에 늙은이를 자신이 차지하며 말하기를, "나와 함께 오래도록 일을 했으니 네가 부리기에는 힘들 것이다"라고 했다. 또 밭과 집은 황폐하고 허름한 것을 가지며 말하기를, "내가 어릴 적부터 쓰던 것이라 마음에 든다"라고 했다. 기물은 찌그러지거나 어그러진 것을 가지며 말하기를, "내가 본래 입고 먹던 것이라 몸과 입에 편안하다"라고 했다. 아우가 자주 가산을 탕진했는데, 이때마다 물자를 내어 도와주었다. 안제[安帝, 중국 후한의 제6대 황제 유호(劉祜)]가 이 소문을 듣고 초야에 있던 설포를 발탁하여 천자를 보좌하는 시중(侍中)으로 삼았다.

薛包汝南人. 父娶後妻, 憎包分出之, 包日夜號泣不去. 至被毆扑, 不得已廬于舍外, 早入洒掃. 父怒又逐之, 乃廬于里門, 晨昏不廢. 積歲餘, 父母慚而還之. 父母亡, 弟求分財異居, 包不能止. 奴婢引老者, 曰"與我共事久, 若不能使也." 田廬取荒頓者, 曰"少時所治, 意所戀也." 器物取朽敗者, 曰"素所服食, 身口所安也." 弟數破其産, 輒復賑給. 安帝徵拜侍中.

※

　설포(薛包)는 동한(25∼220)의 안제(安帝, 106∼125) 때 사람으로 설포
고사는 효란 부모의 행위와는 무관하게 자식 된 도리를 다하는 것임을
말하고 있다. 조선에서 설포는 효심보다는 아우에게 값나가는 재산을
양보한 것이 더 비중 있게 이야기되었다. 성종 때 표연말(表沿沫)이 부모
에게 효도하고 형제에게 재물을 양보한 것을 놓고 "표자(表子)의 행실은
설포(薛包)에게도 부끄러울 게 없다"고 했다[성종 3년(1472) 2월 29일].

　설포 고사는『후한서(後漢書)』권39,『소학』「선행(善行)」,『안씨가훈』
「후취(後娶)」,『태평어람(太平御覽)』권414,「여남선현전(汝南先賢傳)」등에
실려 있다.

03

조아가 아버지의 시신을 찾다
孝娥抱屍

효녀 조아(曹娥)는 회계(會稽) 사람이다. 아버지 조우(曹盱)는 무당으로, 한안[漢安, 후한(後漢) 순제(順帝)의 네 번째 연호, 142~144] 2년(143) 5월 5일에 고을에 있는 강에서 파사신(婆娑神)을 맞이하러 강을 거슬러 올라가고 있었다. 그런데 갑자기 불어난 강물에 빠져 죽고 말았는데, 시체를 찾지 못했다. 당시 조아의 나이는 14세였다. 강을 따라가며 울부짖기를 밤낮을 가리지 않다가 17일이 지나자 강에 몸을 던져 죽었는데, 아버지의 시신을 안고 물 위로 떠올랐다. 후에 아전과 백성들이 개장(改葬)하여 비를 세워주었다.

孝女曹娥會稽人. 父盱爲巫祝, 漢安二年五月五日, 於縣江, 泝濤迎婆娑神. 值江水大發而遂溺死, 不得其屍. 娥年十四, 乃沿江號哭, 晝夜不絶聲. 旬有七日, 遂投江而死, 抱父屍而出. 後吏民改葬樹碑焉.

❀

조아(曹娥, 130~143)는 후한(後漢, 25~220) 때 지금의 저장성 사오싱(紹興) 지역에 살았는데 조아 부녀가 빠져 죽은 순강(舜江)은 조아강(曹娥江)으로 이름이 바뀌었다. 조아의 효심을 기념하기 위한 것으로 보인다.

한단순(邯鄲淳, 132~220)이 조아의 비문을 썼고, 비석의 뒷면에 채옹(蔡邕, 133~192)이 8자의 평을 썼다. 조선에서는 효녀 조아의 사적보다 조아비(曹娥碑)를 둘러싼 이야기에 더 관심을 보였다. 즉 뒷면에 채옹이 쓴 '황견유부외손제구(黃絹幼婦外孫齏臼)'라는 8자를 '절묘호사(絶妙好辭)'

로 풀어낸 조조 및 양수(楊修)의 고사를 즐겨 인용했다.

이 고사에 의하면 황견(黃絹)은 색이 있는 실이므로 절(絶)이 되고, 유부(幼婦)는 어린 여자이므로 묘(妙)가 되면 외손(外孫)은 딸의 아들이므로 호(好)가 되며 제구(齏臼)는 매운 양념을 찧는 도구로 혀가 얼얼할 것이므로 사(辭)자가 된다는 것이다. 다시 말해 한단순이 쓴 비명의 뒷면에 채옹이 '매우 좋은 말'이라는 뜻으로 은어로 써 넣은 것이다.

조아의 고사는 『후한서』 권84 「열녀전」 등에 수록되어 있다.

04

정란이 어버이를 나무에 새기다
丁蘭刻木

정란(丁蘭)은 하내(河內) 사람이다. 부모가 돌아가실 때 어린 나이라 제상에 음식을 올릴 수가 없었다. 이에 부모의 모습을 나무판에 새겨 살아 계신 듯 모시며 아침저녁으로 한결같이 섬겼다. 훗날 이웃에 사는 장숙(張叔)의 아내가 정란의 아내에게 목상을 빌려달라고 했다. 정란의 아내가 무릎을 꿇고 목상에게 절을 하자 목상이 언짢게 여기므로 빌려주지 않았다. 그런데 장숙이 술에 취해 와서 목상을 꾸짖고 작대기로 목상의 머리를 두들겼다. 정란이 돌아오자마자 분하게 여겨 장숙을 칼로 찔러 죽였다. 담당 관리가 와서 정란을 붙잡아 가는데, 정란이 목상에게 인사하고 떠나려 하자 목상이 눈물을 줄줄 흘렸다. 고을에서는 도리어 정란의 효성이 지극하여 신명과 통했다며 가상히 여겨 황제에게 이 사실을 올렸다. 이에 황제가 그 목상의 모양을 그리라고 하고 상을 내렸다.

丁蘭河內人. 少喪考妣, 不及供養. 乃刻木爲親形像, 事之如生, 朝夕定省. 後鄰人張叔妻從蘭妻有所借. 蘭妻跪拜木像, 木像不悅, 不以借之. 張叔醉罵木像, 以杖敲其頭. 蘭還卽奮劍殺張叔. 吏捕蘭, 蘭辭木像去, 木像見蘭爲之垂淚. 郡縣嘉其至孝通於神明. 奏之, 詔圖其形像.

✿

정란(丁蘭)은 동한(25~220) 사람이다. 나무로 신위(神位)를 만들어 제사 지내는 예속은 정란으로부터 시작되었다. 조선후기 이규정은 제사에 시동(尸童)을 쓰다가 소상(塑像)으로 바꾸고 다시 화상(畵像)으로 바꾼 역사를 소개하며 소상을 사용한 사례로 후한의 정란을 들었다(『오주연문장전산고』).

정란은 『태평어람』 「효자전」에 나오며, 원나라 때 곽거경이 편찬한 「이십사효」에도 실려 있다.

05

동영이 돈을 꾸어 아버지 장사를 치르다
董永貸錢

동영(董永)은 한나라 때 [산둥(山東)의] 천승(千乘) 사람이다. 아버지가 돌아가셨지만 장사 치를 돈이 없었다. 남에게 돈 1만을 꾸며 말하기를, "후에 내가 돈을 갚지 못하면 나를 종으로 삼으시오"라고 했다. 장례를 다 치르고 종이 되려고 가는 길에서 느닷없이 한 부인을 만나는데, 자신을 아내로 삼아달라는 것이다. 영이 말하기를, "지금 궁핍한 것이 이와 같고 또 종의 몸이 되었으니, 어찌 감히 부인을 아내로 삼아 당신을 굴욕스럽게 하리오"라고 했다. 그러자 부인이 말하기를, "꼭 그대의 부인이 되고 싶습니다. 가난한 살림살이나 비천한 신분 따위는 부끄럽지 않습니다"라고 했다. 동영은 할 수 없이 부인을 데리고 돈을 꾸어준 사람에게 갔다. 그가 동영의 아내에게 묻기를, "무엇을 잘할 수 있소"라고 하자 아내는 "베를 잘 짤 수 있습니다"라고 했다. 돈의 주인은 "비단 300필을 짜주면 바로 놓아주겠소"라고 했다. 한 달 안에 비단 300필을 다 짜서 건네주자 돈을 빌려준 사람이 놀라워하며 곧바로 두 사람을 놓아주었다. 돌아오는 길에 그들은 처음 만났던 곳에 이르게 되는데, 아내가 말했다. "나는 하늘에서 온 직녀랍니다. 그대의 지극한 효심에 감동하여 하늘이 나를 보내 그대의 빚을 갚게 한 것이라오." 말이 끝나자 하늘 위로 올라가 버렸다.

董永千乘人. 父亡無以葬. 乃從人貸錢一萬, 曰 "後若無錢還, 當以身作奴." 葬畢, 將往爲奴, 於路忽逢一婦人, 求爲妻, 永曰 "今貧若是, 身復爲奴, 何敢屈夫人爲妻." 婦人曰 "願爲君婦, 不恥貧賤." 永遂將婦人, 至錢主, 問永妻曰 "何能." 妻曰 "能織." 主曰 "織絹三百匹, 卽放." 於是一月之內, 三百匹絹足. 主驚,

遂放二人而去. 行至舊相逢處, 謂永曰 "我天之織女. 感君至孝, 天使我爲君償
債." 語訖, 騰空而去.

❋

동영(董永)은 유향(劉向)의 『효자전』에 처음 소개된 후 지속적으로 활
용되었다. 「이십사효」에도 실렸다. 동영의 고사는 민간전승에서 선녀와
부부가 된 것으로 변형된다.

06

왕부가 부모를 생각나게 하는 시를 폐하다
王裒廢詩

왕부(王裒)는 위(魏)나라 성양(城陽) 사람이다. 아버지 왕의(王儀)는 위나라 안동(安東) 장군 사마소(司馬昭)의 무관이었다. 동관(東關)의 싸움에서 패하자 사마소가 묻기를, "누가 싸움에 패한 책임을 지겠소?"라고 했다. 왕의가 대답하기를, "책임은 원수(元帥)에게 있소"라고 했다. 사마소가 화를 내며 말하기를, "패전의 죄를 나에게 미루고자 하는 것이오?"라고 하며 끌어내어 목을 베었다. 그의 아들 왕부는 비명에 간 아버지를 원통해하며 숨어서 살며 글을 가르치는 일을 했다. 벼슬자리를 주며 누차 불렀지만 응하지 않았다. 죽을 때까지 서쪽을 보고 앉지 않음으로써 진(晉)나라의 신하가 되지 않겠다는 뜻을 보였다. 무덤 곁에 여막을 짓고 살며 아침저녁으로 묘소에 가서 꿇어앉아 절을 올렸다. 무덤가의 잣나무를 붙들고 슬피 울어 눈물이 나무에 떨어지자 나무가 말라버렸다. 어머니는 평소 천둥소리를 무서워하셨다. 어머니가 돌아가시고 천둥이 칠 때마다 곧바로 무덤에 달려가 말하기를, "저 여기 있습니다"라고 했다. 『시』를 읽을 때 "슬프고 슬프도다 어버이시여, 나를 낳아 기르시느라 애쓰셨도다"라고 하는 데 이르면, 세 번을 반복하며 눈물 흘리지 않은 적이 없었다. 이에 그의 문인들은 『시경』을 읽을 때 「육아(蓼莪)」편을 접고는 읽지 않았다.

王裒城陽人. 父儀爲魏安東將軍司馬昭司馬. 東關之敗, 昭問曰 "誰任其咎." 儀對曰 "責在元帥." 昭怒曰 "欲委罪於孤邪." 引出斬之. 裒痛父非命, 隱居教授. 三徵七辟皆不就. 終身未嘗西向而坐, 以示不臣於晉. 廬於墓側, 朝夕常至墓所拜跪. 攀栢悲號, 涕淚著樹, 樹爲之枯. 母性畏雷. 母歿, 每雷輒到墓曰

"哀在此." 讀詩至 "哀哀父母, 生我劬勞," 未嘗不三復流涕. 門人受業者, 並廢
蓼莪篇.

❋

　왕부(王裒)는 남북조시대 서진(西晉, 266~316) 무제(武帝) 때 사람이다.
왕부의 효행고사는 조선에서 즐겨 인용되곤 했는데, "슬프다 우리 부
모, 나를 낳아 얼마나 고생하셨나(哀哀父母 生我劬勞)"라는『시경』의 구
절과 연관이 있다. 즉 부모와 관련된 내용이 나오는 대목에서 목이 메
는 스승을 위해 제자들이 그 부분을 건너뛰고 읽었다는 이야기는 공부
를 업으로 하는 선비들에게 감동적인 사례가 되었을 것이다. 윤선도는
왕부의 고사를 시로 지었는데, "강연에선 무슨 일로「육아」를 폐하였
나, 괴이해라 왕공 문하의 학생들이여. 선생이 차마 이 시를 읽지 못하
는데, 제자가 어찌 차마 그 시를 배우리오"(『고산유고(孤山遺稿)』)라는 내
용의 시다. 윤선도 외에 기대승, 윤증, 이정구, 김상헌, 김수항, 김창협,
임성주, 안정복, 정약용, 이상정 등이 왕부의 고사를 활용했다.
　왕부의 고사는『진서(晉書)』「효우열전」에 나오고『소학』에도 수록되
었다.「이십사효」에도 실려 있다.

07

왕상이 얼음을 깨어 잉어를 건지다
王祥剖氷

왕상(王祥)은 낭야(琅邪) 사람이다. 어머니를 일찍 여의었고 계모 주 (朱)씨는 자애롭지 못했다. 자주 헐뜯는 말을 하는 바람에 왕상은 아버 지의 사랑을 잃게 되었다. 매번 외양간을 청소하게 했지만 왕상은 더욱 공경하고 성실하였다. 부모가 병이 들자 옷의 띠를 풀 새도 없이 약을 달여 반드시 직접 맛을 보았다. 어머니가 물고기를 드시고 싶어 했는 데, 때는 날이 추워 물이 얼어 있었다. 왕상은 옷을 벗고 얼음을 깨뜨려 물고기를 잡으려 했다. 그때 갑자기 얼음이 갈라지면서 잉어 두 마리 가 튀어나왔다. 어머니가 또 참새구이를 먹고 싶어 하자 다시 참새 수 십 마리가 집으로 날아 들어왔다. 단내(丹柰)라는 능금나무가 있었는데, 어머니는 그것이 익을 때까지 나무를 지키라고 했다. 이에 비바람이 불 때마다 왕상은 나무를 붙들고 울었다. 어머니가 돌아가시자 상(喪)을 치르며 너무 슬퍼한 나머지 막대기에 의지해야만 겨우 일어났다. 훗날 벼슬길에 올랐는데, 그 지위가 삼공(三公)에 이르렀다.

王祥琅邪人. 蚤喪母. 繼母朱氏不慈. 數譖之. 由是失愛於父. 每使掃除牛下. 祥愈恭謹. 父母有疾. 衣不解帶. 湯藥必親嘗. 母嘗欲生魚. 時天寒氷凍. 祥解 衣. 將剖氷求之. 氷忽自解. 雙鯉躍出. 母又思黃雀炙. 復有黃雀數十飛入其幕. 有丹柰結實. 母命守之. 每風雨. 輒抱樹而泣. 母歿. 居喪毀瘁. 杖而後起. 後仕 於朝. 官至三公.

❁

왕상(王祥, 184~268)은 낭야 임기현[(臨沂縣), 지금의 산동성 린이시(臨沂)] 사람으로 서진(265~316)의 관료다.

조선의 연행사들이 지나게 되는 봉황성 근처의 왕상령(王祥嶺)은 왕상에서 유래한 이름이다. 계모 주씨 소생의 동생 왕람(王覽)은 서예가 왕희지(307~365)의 증조부이기도 하다. 어머니로부터 괴롭힘을 당하는 이복형 왕상을 구한 왕람의 고사는 형제편에 실려 있다.

효성이 지극하여 얼음 속에서 잉어를 잡았다는 왕상의 고사는 조선시대 효행 담론의 단골이었다. 제목과 내용도 약간 변용되어 '와빙구리(臥氷求鯉)' 즉 얼음 위에 누웠다가 잉어를 얻은 것으로 이야기되었다. 조선후기 다산 정약용은 지나치게 도식화된 효행을 비판하면서 왕상의 사례를 인용한다. "옛날 왕상의 일처럼 잉어가 얼음 속에서 튀어나오고 참새가 장막 속으로 날아 들어온 것은, 이 세상에서 더없이 신기하고 영묘(靈妙)한 자취가 아닐 수 없다. 그러므로 누구든지 잉어를 얻고 참새를 얻을 수 없다는 것은 명백한 사실이다. 그런데도 잉어를 얻고 참새를 얻었다는 등등의 효자가 어쩌면 저토록 많을 수 있단 말인가?" (정약용, 「효자론」)

왕상에 대한 기록은 『진서(晉書)』 「왕상·왕람전」를 시작으로 『자치통감』, 『세설신어』, 『소학』 등에 재수록되었다. 「이십사효」에도 실려 있다.

08

반종이 아버지를 구하다
潘綜救父

반종(潘綜)은 오흥[吳興, 지금의 저장성(浙江省) 후저우시(湖州市)] 사람이다. 손은(孫恩)의 난[동진(東晉) 말의 오두미도(五斗米道) 반란]이 일어나 도적 떼가 고을을 쳐들어와 부수자 반종과 아버지 반표(潘驃)는 함께 도망을 갔다. 표가 연로하여 걸음이 더뎌 도적과 거리가 점점 좁혀지자 아버지가 아들에게 말했다. "나는 이제 더 걸을 수가 없구나. 너는 반드시 여길 벗어나야 한다. 운이 좋으면 둘 다 살 수가 있을 것이다." 아버지가 기운이 빠져 땅에 주저앉자 반종은 적과 맞닥뜨려 머리를 조아리며 말했다. "아버지가 연로하시니 제발 살려주십시오." 도적이 다가오자 아버지 표가 또 청하며 말했다. "이 아이는 젊어 달아날 수가 있었는데, 나 때문에 떠나지 못했소. 내가 죽는 것은 아깝지 않으나 제발 이 아이만은 달려주시오." 도적은 표의 요청대로 칼로 내리쳤는데, 그때 종은 아버지를 안고 엎드렸다. 도적이 종의 머리와 얼굴을 내리쳐 무려 네 군데가 찢어지며 기절하고 말았다. 한 도적이 와서 무리에게 말하기를, "이 아이는 죽음으로 아버지를 살렸으니 효자를 죽이는 것은 상서롭지 못하다"라고 했다. 이에 적들이 부자를 놓아주어 죽지 않았다. 원가[元嘉, 송(宋) 문제(文帝)의 연호] 4년에 유사(有司)가 황제에게 아뢰어 그 마을을 순효리(純孝里)로 고치고 삼대(三代)에 걸쳐 세금을 면제해주었다.

潘綜吳興人. 孫恩之亂, 祅黨攻破村邑, 綜與父驃共走避賊. 驃年老行遲, 賊轉逼驃, 驃語綜曰 "我不能去, 汝走可脫. 幸勿俱死." 驃困乏坐地, 綜迎賊叩頭, 曰 "父年老, 乞賜生命." 賊至, 驃亦請曰 "兒年少能走, 爲我不去. 我不惜死, 乞活此兒." 賊因斫驃, 綜抱父於腹下. 賊斫綜頭面, 凡四創, 綜已悶絶. 有一賊

來語衆. 曰 "此兒以死救父. 殺孝子不祥." 賊乃止. 父子並得免. 元嘉四年. 有司
奏改其里爲純孝. 蠲租布三世.

❀

　반종(潘綜)은 송나라 사람으로『송서(宋書)』권91「효의전(孝義傳)」에
그의 고사가 소개되었고,「이십사효」에도 실려 있다.

09

검루가 아버지의 똥을 맛보다

黔婁嘗糞

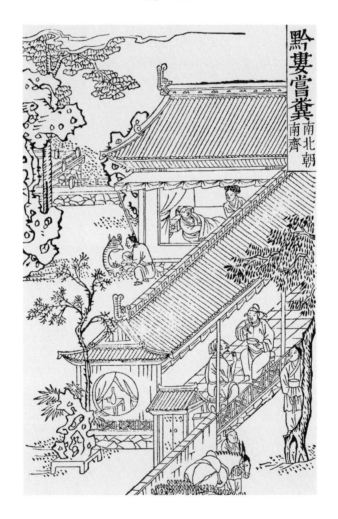

유검루(庾黔婁)는 신야[新野, 지금의 허난성(河南省) 난양시(南陽市)] 사람이다. 잔능[孱陵, 지금의 후베이성(湖北省) 징저우시(荊州市)]의 현령이 되어 고을에 도착한 지 열흘도 되지 않아 아버지 유역(庾易)이 집에서 병이 났다. 검루는 갑자기 가슴이 떨리며 온몸에 땀이 흘렀다. 그날로 벼슬을 버리고 집으로 돌아가니, 식구들은 모두 그가 갑자기 온 것에 놀라워했다. 아버지가 병이 난 지 이틀 만이었다. 의원이 말하기를, "병의 경중을 알고 싶으면 똥의 달고 쓴 것을 맛보라"고 했다. 아버지가 설사를 하자 검루가 맛을 보니 그 맛이 점점 달고 미끄러워져갔다. 이에 마음이 더욱 근심스럽고 괴로워 밤마다 북두칠성에 머리를 조아려 자신으로 아버지를 대신해달라고 빌었다. 얼마 있다가 공중에서 소리가 나며 말하기를, "그대의 아버지는 수명이 다해 다시 연장하지 못한다. 네가 정성으로 비는 것이 지극하므로 이달 말까지는 살 것이다"라고 했다. 그믐이 되자 아버지가 죽었다. 검루는 상을 치르기를 예보다 넘치게 했고, 무덤 곁에서 여묘살이를 했다.

庾黔婁新野人. 爲孱陵令, 到縣未旬, 父易在家遘疾. 黔婁忽心驚, 擧身流汗, 卽日棄官歸家. 家人悉驚其忽至. 時易疾始二日. 醫云, "欲知差劇, 但嘗糞甜苦." 易泄痢, 黔婁輒取嘗之, 味轉甜滑, 心愈憂苦. 至夕每稽顙北辰, 求以身代. 俄聞空中有聲曰, "尊君壽命盡. 不復可延. 汝誠禱旣至, 故得至月末." 晦而易亡. 黔婁居喪過禮, 廬於墓側.

유검루(庾黔婁)는 남북조(220~589)시대 양(梁)나라 사람으로 『양서(梁書)』 권47 및 『남사(南史)』 권50의 「유검루열전」과 『소학』 「선행(善行)」에 실렸다.

유검루의 행위는 부모 병에 '똥 맛을 보는' 유형의 기원에 해당한다. 다산은 「효자론」에서 부모의 증세와는 무관하게 무조건 똥을 맛보는 것을 효자의 증표로 여기는 현실을 비판한다. 사실은 의원이 설사하는 환자의 생사를 점치기 위해 그 맛을 알고자 한 것으로 치료와는 무관하다는 것이다. 즉 변을 맛보는 행위는 유검루 효행의 본질적 의미보다 교조적으로 따라 하는 데 불과하다는 것이다. 이남규(1855~1907)는 유검루의 효행을 시로 표현했는데, "원컨대 저의 목숨을 줄이어서 어버이 나이를 늘려주소서"라는 내용을 담고 있다(『수당집(修堂集)』 권7 「효자도찬(孝子圖贊)」). 24효 중의 한 사람이다.

10

길분이 아버지를 대신하여 죄를 청하다
吉翂代父

길분(吉玢)은 풍익[馮翊, 지금의 산시성(山西省) 시안(四安) 및 웨이난(渭南) 부근] 사람이다. 아버지가 고을의 현령이었는데, 아전의 무함으로 체포되어 법정에 서게 되었다. 길분의 나이 15세였는데, 대로에서 울부짖으며 공경(公卿)에게 구해달라고 빌었다. 그 모습을 본 자들이 모두 눈물을 흘렸다. 그런데 아버지는 비록 청렴했으나 옥리(獄吏)에게 심문을 당하는 것을 수치스럽게 여겨 거짓으로 자백하여 스스로 죄를 뒤집어쓰고 사형을 당하게 되었다.

길분은 신문고를 쳐서 아버지의 목숨을 대신하게 해달라고 했다. 무제(武帝)가 이상하게 여겨 어린아이가 다른 사람에게 사주를 받은 게 아닌지 의심했다. 이에 정위(廷尉, 형벌을 관장하던 관직) 채법도(蔡法度)에게 명하여 위협과 설득을 적절히 하여 시험해보라고 했다. 채법도가 형벌 기구들을 잔뜩 벌여놓고 얼굴빛을 근엄하게 하여 길분에게 물었다. "네가 아비를 대신하여 죽겠다고 하는데, 황제께서 명(命)하시어 이미 허락하셨다. 그런데 형틀이 너무 무거우니 죽을 수 있는지 깊이 생각해보기 바란다. 만약 네가 후회하며 생각을 달리하더라도 황제께서 네 청을 들어주시기로 하셨다." 이에 길분이 대답하여 말하기를, "죄인이 비록 어리지만 어찌 죽음이 두려운 것을 모르겠습니까? 아버지가 극형을 당하는 것을 차마 볼 수가 없어 옳지는 않으나 제가 죽으려는 것입니다"라고 했다. 길분은 비로소 옥에 갇혔고, 옥리가 법에 따라 목에 칼을 씌웠다. 그러자 채법도가 명령하여 칼을 벗으라고 했다. 이에 길분은 듣지 않고 말하기를, "죽을 죄인이 어찌 칼을 벗을 수 있습니까"라고 했다.

법도에게 이 말을 들은 황제는 그 아버지를 놓아주었다. 양주(楊州)의

중정(中正) 장측(張仄)이 길분을 효행으로 천거하여 태상(太常)으로 삼았다.

吉翂馮翊人. 父爲原鄕令, 爲吏所誣, 逮詣廷. 尉翂年十五, 號泣衢路, 祈請公卿. 見者隕涕. 其父理雖淸白而恥爲吏訊, 虛自引咎. 罪當大辟, 翂撾登聞鼓, 乞代父命. 武帝異之, 以其童幼, 疑受敎於人. 勅廷尉蔡法度脅誘取疑. 法度盛陳徽纆, 厲色問曰, "爾求代父死, 勅已相許. 然刀鉅至劇, 審能死不. 若有悔異, 亦相聽許." 對曰 "囚雖蒙弱, 豈不知死可畏. 不忍見父極刑, 所以殉身不測." 翂初見囚, 獄掾依法桎梏. 法度命脫二械, 翂弗聽曰 "死囚豈可減乎." 法度以聞, 帝乃宥其父. 楊州中正張仄薦翂孝行, 勅太常旌擧.

❀

길분(吉翂)은 남북조시대 양(梁, 502~557) 사람으로 『양서』 「길분열전」에 처음 소개되었다. 이후 『소학』과 『통감절요』 등에도 인용되었다.

성종 때 임광재는 그 아비 임사홍의 직첩을 돌려주길 청하면서 길분의 고사를 인용했다. 또 정조는 옥사를 처리하면서 삼강(三綱)의 원리를 길분이 그 아비의 형벌을 대신하려 한 고사를 인용해 설명했는데, 『심리록』에 나와 있다.

11

왕숭이 우박을 그치게 하다
王崇止雹

왕숭(王崇)은 옹구(雍丘) 사람이다. 어머니가 돌아가시자 상(喪)을 치르며 몹시 슬퍼하여 몸이 수척했는데, 지팡이를 짚고서야 일어나고 귀밑의 털이 모두 빠졌다. 여막에 빈소를 차려 밤낮을 가리지 않고 곡하고 울자 비둘기 떼가 날아왔다. 그 가운데 작은 새 한 마리가 흰색 바탕에 검은 눈을 가졌는데, 몸집이 참새보다는 컸다. 그 작은 새는 왕숭의 여막에 깃들며 아침부터 저녁까지 떠나지 않았다. 왕숭은 복상이 끝나자 다시 아버지의 상사(喪事)를 당했다. 왕숭이 몹시 슬퍼하는 것이 예에 지나칠 정도였다.

이해 여름에 바람이 불고 우박이 내려 그 스쳐간 곳은 짐승이 참혹하게 죽고 초목은 다 부러져버렸다. 그런데 왕숭의 밭에 이르러서는 바람과 우박이 갑자기 그쳐 10경(頃) 땅의 곡식이 훼손되거나 떨어지는 일이 없었다. 왕숭의 땅을 지나자 바람과 우박이 다시 일어났다. 모두들 왕숭의 지극한 효행에 감동한 것이라고 했다. 왕숭은 상기를 마쳐 비록 상복을 벗었지만 묘 곁에 살았다. 집 앞에 풀 한 포기가 나더니 줄기와 잎이 지나치게 무성했는데, 아무도 그 풀을 아는 사람이 없었다. 겨울이 되자 다시 새 한 마리가 왕숭의 집에 깃들어 새끼 세 마리를 쳤다. 새들은 왕숭을 잘 따르며 놀라지도 않았다. 나라에서 이 이야기를 듣고 왕숭의 집에 정문(旌門)을 내렸다.

王崇雍丘人. 母亡, 居喪哀毁頓瘠, 杖而後起, 鬢髮墮落. 廬於殯所, 晝夜哭泣, 鳩鴿羣至. 有一小鳥, 素質黑眸, 形大於雀. 栖於崇廬, 朝夕不去. 母服初闋, 復丁父憂. 悲毁過禮. 是年夏, 風雹所經處, 禽獸暴死, 草木摧折. 至崇田畔,風雹便止. 禾麥十頃. 竟無損落. 及過崇地. 風雹如初. 咸稱至行所感. 崇雖除服. 仍居墓側. 室前生草一根. 莖葉甚茂. 人莫能識. 至冬復有鳥巢崇屋. 乳養三子. 馴而不驚. 事聞. 詔旌表門閭.

✿

왕숭(王崇)은 북위(北魏, 386~534) 사람이다. 지성이면 감천이라는 이야기 구조로 이루어진 왕숭의 고사는 다양하게 변주되어 자주 활용되었다. 왕숭이 기도로 우박을 그치게 한 이야기는 장복추의 『사미헌집』을 비롯하여 효자 담론에서 종종 인용되었다.

12

노조가 어머니께 순종하다

盧操順母

노조(盧操)는 하동(河東, 지금의 산시성 남부 지역) 사람이다. 9세에 이미 『효경』과 『논어』에 통했고 계모 장씨를 지극한 효심으로 섬겼다. 장씨는 자신이 낳은 세 아들을 지나치게 사랑하면서 노조에게는 부엌일을 하게 했는데, 그는 당연한 듯 부지런히 일했다. 장씨는 자신의 아들을 글 읽으러 보내면서 노조에게는 나귀를 몰고 따라가게 했는데, 종처럼 채찍으로 나귀를 끌고 간 것이다. 세 아우가 술을 먹고 주정을 하며 사람들에게 제멋대로 굴자 사람들이 집으로 몰려와 그 어머니를 꾸짖자 노조가 울면서 공손하게 대하여 해결했다. 몰려온 불량배들이 말하기를, "나쁜 저 세 놈에게 이토록 훌륭한 형이 있는 줄 몰랐군"이라고 하며 서로 노조에게 절을 하고 갔다.

계모가 돌아가시자 노조는 세 아우를 가르치고 길렀는데, 아우에게 베풀고 사랑하는 마음이 평소보다 더하였다. 어머니의 상(喪)에 임해서는 슬픔이 심하여 뼈만 남게 되었는데, 매일 저녁이면 여우와 살쾡이가 좌우로 줄지어 있다가 아침이 되면 떠나갔다.

후에 임환(臨渙) 현령의 보좌관으로 갔는데, 관대함과 어짊으로 정치에 임했다. 관사에 궤연(几筵)을 갖추고 부모에게 제사했는데, 나갈 때 아뢰고 들어오면 돌아왔다고 인사를 드렸다. 뜰을 지날 때에는 몸을 굽혀 부모가 계시는 듯이 하였다. 아침마다 『효경』을 한 차례 읽은 다음에 집무를 보았다. 『효경』을 읽다가 「상친(喪親)」장에 이르면 갑자기 울음이 나와 목이 메는 것을 참지 못했다.

盧操河東人. 九歲通孝經論語, 事繼母張氏至孝. 張生三子溺愛之, 命操常執勤主炊. 操服勤不倦. 張遣其子讀書, 命操策驢隨之, 操卽執鞭引繩如僮僕. 三弟嗜酒縱佚, 抵忤於人, 致人踵門詬及其母, 操卽涕泣拜而解之. 惡少年曰 "不謂三賊有此令兄." 相與拜操而去. 繼母亡, 操訓養三弟, 恩愛過於平日. 服母喪, 哀毁骨立, 每夕有狐狸羅列左右, 將朝乃去. 後調臨渙縣尉, 佐政寬仁. 官舍設几筵以祀父母, 出告反面. 過其庭, 鞠躬如也. 每朝讀孝經一遍, 然後視事. 讀至喪親章, 輒號咽不勝.

❀

　　노조(盧操)에 관한 고사는 효행에 초점을 둔 것과 형제애에 초점을 둔 두 가지가 있다. 효행에 관한 것은『삼강행실도』에 실려 있고, 형제애에 관한 고사는『이륜행실도』에 실려 있다. 그런데『오륜행실도』에서는 『삼강행실도』에 실린 효행을 취해「효자도」에 실었지만『이륜행실도』에 있던 우애의 고사는 제외시켜 싣지 않았다. 동일 인물이 중복되는 것을 피하기 위한 의도로 보인다.

13

서적이 극진한 효를 행하다

徐積篤行

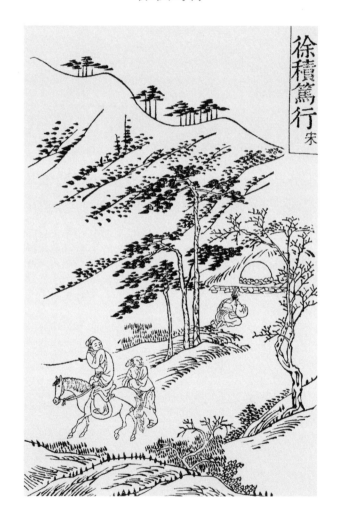

서적(徐積)은 초주(楚州) 사람이다. 세 살 때 아버지가 돌아가시자 아침마다 찾으며 매우 슬퍼했다. 어머니가 『효경』을 읽게 하면 갑자기 눈물을 줄줄 흘리며 그칠 줄 몰랐다. 어머니를 지극한 효성으로 섬겨 의관을 정제하고 조석으로 문안했다. 과거에 응시하기 위해 서울에 가게 되자 차마 어머니를 두고 갈 수 없어 모시고 갔다. 그리고 급제를 했다. 장원 허안국(許安國)이 동기들을 데리고 들어와 돈 100냥을 드리고 헌수하려 하자 사양하고 받지 않았다. 아버지 이름에 돌 석(石)이 들어 있어 평생 돌그릇을 쓰지 않았고, 길에서 돌을 만나면 피하고 밟지 않았다. 어머니가 세상을 뜨자 슬프게 통곡하여 피를 토했고, 3년을 여묘살이하며 눈 오는 밤이면 묘 옆에 엎드려 울기를 그치지 않았다. 한림학사 여진(呂溱)이 그 묘 곁을 지나다가 듣고 눈물 흘리며 말하기를, "귀신에게 앎이 있다면 눈물 흘리리라"라고 했다. 감로수가 해마다 무덤가에 내리고 살구나무 가지가 합하여 하나가 되었다. 3년상을 마쳤지만 궤연을 걷지 않았고 문안하고 음식 올리는 것을 살아생전처럼 했다.

고을 원이 이 소문을 황제에게 아뢰니 곡식과 비단이 내려왔다. 원우(元祐, 송나라 철종 때의 연호, 1086~1094) 초에 초주(楚州) 교수를 하다가 화주(和州) 방어추관(防禦推官)으로 벼슬을 옮겼다. 휘종(徽宗) 황제가 절효처사(節孝處士)라는 시호를 내렸다.

徐積楚州人. 三歲父死, 朝朝求之甚哀. 母使讀孝經, 輒淚落不能止. 事母至孝朝夕冠帶定省. 應擧入都, 不忍捨其親, 徒載而西. 登第, 擧首許安國率同年入拜, 且致百金爲壽. 謝而却之. 以父名石, 終身不用石器, 行遇石, 則避而不踐.

母亡, 悲慟嘔血, 廬墓三年, 雪夜伏墓側, 哭不絶音. 翰林學士呂溱過其墓, 聞之. 泣下曰, "使鬼神有知亦垂涕也." 甘露歲降兆域, 杏兩枝合爲軒. 既終喪, 不徹筵几, 起居饋獻如平生. 州以行聞, 詔賜粟帛. 元祐初, 爲楚州敎授, 又轉和州防禦推官. 徽宗賜諡節孝處士.

❖

서적(徐積)은 북송의 청각장애인 출신의 관리로 호원(胡瑗)의 제자다. 해박한 지식에 효성이 지극했다고 한다. 서적에게 시호를 내린 휘종은 북송 제8대 황제(재위 1100~1125)다.

14

왕천이 아버지의 수명을 보태다
王薦益壽

왕천(王薦)은 복녕[福寧, 지금의 푸젠성 닝더(寧德)] 지역 사람이다. 아버지가 일찍이 무거운 병에 걸렸는데, 왕천은 밤에 하늘에 기도하며 자신의 나이를 덜어 아버지의 수명에 보태달라고 빌었다. 아버지가 숨이 끊어졌다가 다시 깨어났는데, 친구에게 말하기를, "갔더니 황색 옷에 머리에 붉은 두건을 쓴 한 신인(神人)이 나에게 은밀하게 '네 아들이 효자라 상제께서 너에게 열두 살을 더 주신 것이다'라고 말하더라"라고 했다. 아버지의 병이 갑자기 낫더니 이후 과연 12년을 살다가 돌아가셨다.

어머니 심(沈)씨에게 목이 마른 증세가 있었는데, 어머니가 말씀하기를, "참외를 구해 먹으면 내 병이 나을 것이다"라고 했다. 때는 겨울이라 마을에 참외를 찾아다녔지만 구하지 못했다. 이에 참외를 구하고자 길을 나섰는데, 깊은 골짜기의 고개에 이르러 큰 눈을 만났다. 왕천은 눈을 피해 나무 아래에 있으면서 어머니의 병을 생각하며 하늘을 우러러 울었다. 그런데 갑자기 바위 사이에 푸른 줄기가 있어 잡아당겼더니 참외 두 개가 있었다. 따서 돌아와 어머니께 드렸더니 드시고 병이 나았다.

王薦福寧人. 父嘗病甚, 薦夜禱於天, 願減己年益父壽. 父絶而復甦, 告其友曰 "適有神人黃衣紅帕首, 恍惚語我曰 '汝子孝, 上帝命錫汝十二齡.'" 疾遽愈, 後果十二年而卒. 母沈氏病渴, 語薦曰 "得瓜以啖我渴可止." 時冬月求於鄉不得. 行至深奧嶺, 値大雪, 薦避雪樹下, 思母病, 仰天而哭. 忽見巖石間靑蔓離披, 有二瓜焉. 因摘歸奉母, 母食之渴頓止.

왕천(王薦)은 원나라 사람으로 효행이 하늘을 감동시켜 보답을 받은 유형에 속한다. 이 효행은 죽순이나 잉어 등으로 변주되며 재생산되었다.

이이(李珥)는 왕천을 대효(大孝) 순(舜)에 버금가는 효자로 평가했다 ("虞舜孝之集大成者也. 王薦亦孝之性者也"『율곡전서(栗谷全書)』「습유(拾遺)」권5 '기도책(祈禱策)'). 또 이남규는 「효자도찬」에서 왕천의 고사를 시로 노래했다. "어디서 꿀 같은 참외를 얻어서 우리 어머니 갈증을 풀어드릴까. 험한 산꼭대기 깊은 바위 서리에 매운바람이 살갗을 에더라. 우러러 하늘에 울며 부르짖으니 어진 하늘이 굽어살피셨구나. 무늬가 고운 조개 같은 참외의 하얀 꼭지가 저절로 떨어지더라"(『수당집』권7「효자도찬」).

15

누백이 호랑이를 사로잡다
婁伯捕虎

최누백(崔婁伯)은 수원(水原) 아전 최상저(崔尙翥)의 아들이다. 누백의 나이 15세 때, 상저가 사냥을 나갔다가 호랑이에게 화를 당했다. 누백이 호랑이를 잡으러 가려 하자 어머니가 말렸다. 누백이 어머니에게 말하기를, "아버지의 원수를 어찌 갚지 않을 수 있습니까?"라고 하며 바로 도끼를 메고 호랑이의 자취를 쫓아갔다. 마침 호랑이가 배불리 먹은 뒤라 누워 있었는데, 누백이 곧바로 호랑이 앞에 달려들어 꾸짖으며 말하기를, "네가 내 아버지를 해쳤으니 내가 너를 잡아먹어야겠다"라고 했다. 호랑이가 꼬리를 내리고 엎드리자 도끼를 내리쳐 배를 갈랐다. 아버지의 뼈와 살을 수습하여 그릇에 담았다. 호랑이 고기는 항아리에 담아 냇물 속에 묻었다.

아버지를 홍법산(洪法山) 서쪽에 장사 지내고 여묘살이를 했다. 하루는 여막에서 깜빡 잠이 들었는데, 꿈속에 아버지가 와서 시를 읊어주었다. 시에 이르기를, "가시덤불 헤치고 효자 여막 당도하니, 정이 무진하여 흐르는 눈물 끝이 없네. 흙을 져다 날마다 무덤 위에 쌓으니, 알아주는 이 청풍명월이구나. 살아서는 봉양하고 죽고 나면 지켜주니 누가 효도에 시작도 없고 끝도 없다 했는가!" 다 읊더니 갑자기 사라졌다. 아버지 3년상을 마치고 호랑이 고기를 꺼내 다 먹어버렸다.

崔婁伯水原吏尙翥之子. 尙翥獵爲虎所害, 婁伯時年十五. 欲捕虎, 母止之. 婁伯曰 "父讐可不報乎." 卽荷斧跡虎. 虎旣食飽臥, 婁伯直前叱虎, 曰 "汝害吾父, 吾當食汝." 虎乃掉尾俛伏, 遽斫而刳其腹. 取父骸肉, 安於器, 納虎肉於甕, 埋川中. 葬父洪法山西, 廬墓. 一日假寐, 其父來詠詩. 云 "披榛到孝子廬, 情多

感淚無窮. 負土日加塚上, 知音明月淸風. 生則養死則守, 誰謂孝無始終." 詠訖
遂不見. 服闋, 取虎肉盡食之.

＊

최누백(崔婁伯, ?~1205)은 효자로 이름이 나『고려사(高麗史)』열전을
시작으로『세종실록지리지』,『삼강행실도』,『동국여지승람』에 실렸다.
또『동사강목』과『해동악부』에도 그의 효행이 소개되었다. 효행이 있은
후 그는 과거에 급제하여 벼슬한 것으로 보이는데 묘지명은 결락이 심
하여 자세한 행적은 알 수 없다. 경기 화성시 봉담면 분천리에 그의 효
행을 기리는 정려비각이 있는데, 이 일대가 최누백의 사패지(賜牌地)였
다고 한다. 그는 염경애(廉瓊愛)와 결혼하여 4남 2녀를 두었고, 아내와
사별한 후 재혼하여 3남 2녀를 두었다. 최누백이 지은 첫 부인 염경애
의 묘지명이 남아 있다. 최누백의 아버지 최상저(崔尙翥)는 수원 최씨의
시조다.

최누백 고사가 특별한 것은 본문의 시(詩)를 빌려 아버지가 아들의
효성에 고마움을 전하고 있다는 점이다. 통상 효행은 자식의 일방적인
행위일 뿐 효의 대상인 부모의 응답을 들을 수 없었기 때문이다.

16

자강이 여묘살이를 하다
自强伏塚

김자강(金自强)은 성주 사람이다. 어려서 아버지를 잃고 어머니를 모시며 따르기를 거스름이 없었다. 어머니가 돌아가시자 부도(浮屠)를 쓰지 않고 한결같이 가례(家禮)를 좇았다. 어머니를 아버지와 합장하고 3년을 여묘살이 했다. 어머니의 상을 마치고 또 아버지를 위해 3년을 다시 여막에서 지내려고 하자 처가 쪽에서 강제로 끌고 나와 길에 두고 그 여막에 불을 질렀다. 자강이 타고 있는 여막의 연기를 바라보고 하늘을 우러러 울부짖고 땅을 두드리며 힘을 다해 처족을 물리치고 여막으로 돌아와 무덤에 엎드려 사흘 동안을 일어나지 않았다. 처족들이 그 효성에 감동하여 다시 여막을 지어주었다. 그는 아버지를 위해 다시 3년의 여묘살이를 행했다.

金自强星州人. 年幼喪父, 奉母承順無闕. 母喪不用浮屠, 一依家禮. 比葬遷父合葬, 廬墓三年. 服闋, 又欲爲父更居三年, 妻黨牽引登途, 仍焚其廬. 自强顧瞻烟光, 呼天擗地, 力排還歸, 伏塚三日不起. 姻戚感其孝誠, 爲復結廬以與之, 自强又居三年如初.

❀

김자강(金自强)의 효행은 태종 13년(1413) 2월 7일의 실록에도 소개되었는데, 내용은 행실도의 것과 같다. 『주자가례(朱子家禮)』를 따랐다는 것이 이 고사의 핵심인데, 가례의 시행이 당시 정책의 주요 사안이었다는 점에서 김자강은 시대가 요청하는 유형이었던 셈이다. 윤근수(尹根壽,

1537~1616)는 명종 21년(1566) 북경에 갔을 때 중국학자 육광조(陸光祖, 1521~1597)와 논쟁을 하는데, 조선에서 강상윤리를 잘 실현하고 있다는 취지에서 김자강을 소개했다. 윤근수가 든 효자는 김자강을 포함하여 최누백, 강겸(姜謙), 김덕숭(金德崇), 성수침(成守琛)의 5인이다.

17

은보가 까마귀를 감동시키다
殷保感烏

윤은보(尹殷保)와 서즐(徐騭)은 지례현(知禮縣) 사람이다. 두 사람은 함께 같은 고을에 사는 지의주사(知宜州事) 장지도(張志道)에게 글을 배웠다. 하루는 서로 말하기를, "사람은 임금과 어버이와 스승 세 분으로 살게 되니, 섬기기를 한결같이 해야 할 것이다. 하물며 우리 스승은 아들이 없으니 우리가 돌봐드려야 하겠지?"라고 했다. 특별한 음식이 생길 때마다 스승에게 갖다 드렸고 명절이 되면 그때마다 술과 안주를 갖추어 드리며 아버지를 모시듯이 했다.

스승 장지도가 세상을 뜨자 두 사람은 스승을 위해 여묘살이를 하고자 각 어버이에게 허락해달라고 했다. 두 사람의 부모는 그들을 어여삐여겨 그렇게 하도록 허락했다. 이에 두 사람은 검은 관모를 쓰고 삼으로 만든 허리띠를 차고서 묘 곁에서 살며 직접 불을 때어 음식을 만들어 제물로 올렸다. 은보는 아버지가 병이 들자 곧바로 돌아가 약을 올렸고 옷의 허리띠를 풀지 않으며 극진히 보살폈다. 아버지는 병이 낫자 다시 여막으로 돌아가라고 하셨다. 한 달 정도가 지나 윤은보는 꿈이 이상하다고 여겨 급히 집으로 돌아왔는데, 과연 아버지가 꿈대로 병이 나 있었다. 그 후 채 열흘이 되지 않아 아버지가 돌아가시자 은보는 아침저녁으로 목 놓아 슬피 울며 시신 곁을 떠나지 않았다.

장례를 마치고 아버지 무덤 곁에서 여묘살이를 했다. 하루는 회오리바람이 무섭게 일어나더니 상 위에 있던 향합을 채 가버렸다. 그리고 몇 개월이 지나 까마귀가 어떤 물건을 물고 날아와 무덤 앞에 놓았다. 다른 사람이 가서 보니 바로 전에 잃어버린 향합이었다. 초하루와 보름날이면 늘 스승 장지도의 묘에 제사를 지냈는데, 서즐도 여묘살이 3년을 마쳤다. 선덕(宣德, 명나라 선종황제의 연호) 임자[壬子, 세종 14년(1432)]에 임금이 이 일을 들으시고 은보와 즐에게 나란히 정문을 내리고 벼슬자리를 주었다.

尹殷保徐騭知禮縣人. 俱學於同縣知宜州事張志道. 一日相謂曰 "人生於三, 事之如一. 況吾師無子可養乎." 得異味輒饋, 每遇良辰, 必具酒饌, 如事父然. 張沒, 二人請廬墓於其親, 親憐而聽之. 乃玄冠腰絰居墓傍, 躬爨供奠. 尹父嘗病, 卽歸奉藥, 衣不解帶. 父愈, 令復歸廬. 月餘尹感異夢, 亟歸則父果以夢夕疾作. 未旬而死, 尹晨夕號哭, 不離喪側. 旣葬, 廬父墳. 一日飄風暴起, 失案上香盒. 數月, 有鳥銜物飛來置塋前. 人就視之, 卽所失香盒也. 至朔望猶奠張墳, 徐亦終三年. 宣德壬子事聞, 殷保騭並命旌門拜官.

❋

윤은보(尹殷保)는 세종 때에 효자로 정려(旌閭)되었는데, 행실도와 같은 내용이 세종 14년(1432) 9월 13일의 실록에 소개되어 있다. 실록에는 향합을 주워 온 사람으로 문인 심징(沈澄)·배현(裵現) 등을 거론하고 있다. 권별(權鼈)은 『해동잡록(海東雜錄)』에서 효자조에 윤은보와 서즐을 독립 항목으로 싣고 있다.

윤은보의 효행은 분명하게 드러나지만 서즐(徐騭)은 스승 장지도에 대한 3년상만 언급되어 그를 효자라고 할 수 있는지 문제가 될 수 있다. 이것을 염두에 두었는지 권별은 서즐이 나중에 부모 6년의 여묘살이를 했음을 덧붙였다.『신증동국여지승람』에 의하면 지례(知禮)는 경상도에 소속된 현으로 동서로 성주와 무주, 남북으로 거창과 김산(金山)에 둘러싸인 곳이다.

	제목	나라	내용	비고
1	閔損單衣	魯(春秋)	한겨울에도 홑옷을 입히는 등 계모의 핍박에도 효를 실천한 공자의 제자 민자건(閔子騫)의 이야기	24효(單衣順母)
2	子路負米	魯(春秋)	생계가 어려운 부모를 위해 쌀을 지고 백 리 길을 오간 공자의 제자 자로(子路)의 이야기	24효(爲親負米)
3	皐魚道哭	楚(春秋)	부모를 봉양하려고 하나 죽고 없는 상황을 슬퍼하다 죽은 고어(皐魚)와 공자의 대화	
4	陳氏養姑	漢	전쟁터에 나가며 홀어머니를 부탁한 남편에게 신의를 다해 시모를 봉양한 효부 진씨(陳氏)의 고사	며느리의 효행
5	江革巨孝	漢	홀로된 노모를 지극정성으로 봉양한 효자 강혁(江革)에게 황제가 많은 곡식과 물자를 하사함	24효(行傭供母)
6	薛包酒掃	漢	계모의 간계로 쫓겨났지만 아침마다 부모가 사는 집으로 들어와 청소한 설포(薛包)의 고사	
7	孝娥抱屍	漢	물에 빠진 아버지의 시신을 찾아 물속으로 뛰어든 한나라 때 효녀 조아(曹娥)의 고사	조아강의 유래, 딸의 효행
8	黃香扇枕	漢	홀아버지를 정성으로 섬긴 황향(黃香)의 효행이 나라에 알려져 높은 벼슬을 받기에 이름	24효(扇枕溫衾)
9	丁蘭刻木	後漢	어린 나이에 부모를 여의자 그리워한 나머지 나무를 깎아 부모상을 만들어 조석으로 문안드림	24효(刻木事親)
10	童永貸錢	漢	몸을 팔아 아버지의 장사를 치르자 선녀가 나타나 빚을 다 갚도록 도왔다는 고사	24효(賣身葬父)
11	王裒廢詩	魏(三國)	부모를 잃은 슬픔에 시경 「육아」편을 읽지 않고 덮어버렸다는 왕부(王裒)의 고사	24효(聞雷泣墓)
12	孟宗泣行	吳(三國)	병든 어머니를 위해 한겨울에 죽순을 찾아 나선 맹종(孟宗)의 정성에 하늘이 반응했다는 고사	24효(哭竹生筍)
13	王祥剖氷	晉	계모의 병구완을 위해 얼음 속에서 생선을 구한 효자 왕상(王祥)이 나중에 삼공(三公)의 벼슬에 오름	24효(臥冰求鯉)
14	許孜埋獸	晉	부모의 무덤가에 나무를 심어 정성을 다하는데 사슴이 와서 훼방을 놓자 호랑이가 없애줌	
15	王延躍魚	晉	자신을 구박한 계모에게 겨울날 강가에서 물고기를 잡아 봉양한 왕연(王延)의 고사	
16	楊香搤虎	宋(南北朝)	아버지가 호랑이의 습격을 받자 맨손으로 달려들어 호랑이의 목을 조른 효녀 양향(楊香)의 고사	24효(扼虎救親)

17	潘綜救父	宋(南北朝)	아버지가 도적 떼에게 잡혀가자 자신을 대신 잡아가라며 죽음으로 아버지를 구한 반종(潘綜)	
18	黔妻嘗糞	南齊(南北朝)	병든 아버지의 똥 맛을 보며 상태를 점검하고 하늘에 빌어 아버지의 목숨을 연장시킨 검루(黔妻)	24효(嘗糞憂心)
19	叔謙訪藥	南齊(南北朝)	어머니의 병이 낫기를 기도하다 감동한 하늘이 들려준 약초를 구한 해숙겸(解叔謙)의 고사	
20	吉翂代父	梁(南北朝)	무고로 옥에 갇힌 아버지 대신 형벌을 자청한 길분(吉翂)이 이 일로 황제의 표상을 받음	
21	不害捧屍	陳(南北朝)	난리에 죽은 어머니의 시신을 찾아 헤매고, 무덤을 정성스럽게 만든 효자 은불해(殷不害)의 고사	
22	王崇止雹	北魏(南北朝)	부모의 3년상을 연달아 6년 지내고 여묘살이를 한 효자 왕숭(王崇)에게 하늘이 보답했다는 고사	
23	孝肅圖像	隋	아버지 화상(畵像)을 사당에 모셔놓고 문안하고, 늙은 어머니를 정성으로 봉양한 서효숙(徐孝肅)의 고사	
24	盧操順母	隋	계모와 이복동생들의 괴롭힘에도 효를 다하고 은혜를 아끼지 않은 노조(盧操)의 고사	
25	孟熙得金	蜀(五代)	어버이를 극진히 봉양하자 하늘이 황금으로 보답했다는 맹희(孟熙)의 고사	
26	徐積篤行	宋	부모를 향한 극진한 사랑이 세상에 알려져 황제로부터 절효(節孝)라는 시호를 받은 서적(徐積)의 고사	
27	吳二免禍	宋	지극한 효성에 감동하여 신령이 그 목숨을 보태주었다는 오이(吳二)의 효행 고사	
28	王薦益壽	元	자신의 수명을 떼어 아버지에게 보태달라는 기도에 하늘이 응답했다는 왕천(王薦)의 고사	
29	劉氏孝姑	明	병든 시어머니를 살리고자 다리 살을 베어 먹인 효부 유씨에게 명 태조가 정문을 내림	며느리의 효행
30	妻伯捕虎	高麗	호랑이에게 물려간 아버지의 시신을 수습하고, 그 호랑이에게 복수한 최누백(崔妻伯)의 고사	
31	自强伏塚	朝鮮	부모의 상장례를 『주자가례』대로 행하고 여묘살이를 한 성주 사람 김자강(金自强)의 고사	
32	石珍斷指	朝鮮	병든 아버지에게 자신의 손가락을 잘라 피에 섞어 먹여 완치시킨 유석진(俞石珍)의 고사	
33	殷保感烏	朝鮮	여묘살이 등 아버지를 향한 효심에 자연이 감동하여 까마귀를 보냈다는 윤은보(尹殷保)의 고사	

2부

충신도

충(忠)은 효(孝)와 짝을 이루며 전근대 사회를 지탱해온 이념이다. 충은 주로 임금에 대한 신하의 예로 이해되는데, 즉 부모에 대한 예가 효라면 임금에 대한 예는 충이다. 그런데 충과 효는 불가분의 관계에 있어 모든 행실의 근본인 효가 나라나 임금에게 옮아가면 충이 된다는 논리다. 즉 "어버이를 받드는 효도로 임금을 섬긴다"거나 "효자 집안에서 충신 난다"는 말이 그것이다. 효가 집안의 일인 데다 효행인가 아닌가를 평가하는 기준이 부모의 마음에도 있기 때문에 사실상 완벽한 검증은 불가능할 수 있다. 반면에 충은 역사적 사실에 근거한 것으로 비교적 객관성과 공공성을 가지게 된다. 또 효가 자식 된 모든 이에게 사실상 열려 있는 것이라면 충은 특정한 임무를 띤 인물에게서 일어나는 경우가 많다. "국난에 충신 난다"고 하듯 충신의 탄생은 비일상적인 조건에서 가능한 일이다.

충의 유형은 다양한데, 우선 그 대상에 따라 구분하면 정권(왕조), 군주 개인, 백성, 사직(국토) 등이다. "두 성(姓)을 섬길 수 없다"는 말에서 보듯 왕조에 대한 절의를 지킨 경우로 역성(易姓) 혁명에 저항한 정몽주나 길재가 있다. 또 "임금 섬기는 일보다 더 큰 것이 없다"는 말에서 보듯 황제나 왕을 대상으로 한 충이 있다. 관용방처럼 사직과 백성의 안정을 위해 군주에게 간언하다 희생을 당한 충신도 있다. 그리고 국난을 맞아 전공을 세운 경우나 적의 침입을 받아 나가 싸우다 죽은 경우가 있다. 최익현은 국난을 대하는 방법으로 세 가지를 드는데, "나라가 망하면 숨는 사람이 있고, 나라와 함께 죽는 사람이 있으며, 나라를 구하기 위해 의병을 일으킨 사람이 있다"(『면암집』 권5)고 했다. 성호 이익도 충신의 종류를 열거하고 있다. "신하의 의리란 여러 가지다. 공명을 위해 나서는 자도 있고, 은총을 위해 나서는 자도 있고, 분격함을 위해 나서는 자도 있지만, 이런 것을 위하는 마음이 없이 죽을 때까지 시종이 여일한 자라야 참다운 충절(忠節)인 것이다"(『성호사설』 권23 「경사문」).

『오륜행실도』에 실린 충신은 모두 35인으로 중종대 『삼강행실도』를 그대로 실은 것이다. 35인 가운데 중국 사람이 29인이고 한국 사람이 6인이다. 이 책은 그 절반에 해당하는 17명을 뽑아 실었다. 중국 사람은 서사 구조가 비교적 단단하고, 즐겨 인용되는 사례를 기준으로 삼아 11인을 선정했고, 신라, 고려 등의 한국 사람은 6명 모두 실었다. 충신으로 호명된 사람들의 성별은 모두 남자다.

01

용방이 죽음을 무릅쓰고 간언하다
龍逄諫死

하(夏)나라 걸왕(桀王)은 연못을 파서 밤의 궁전을 만들고 남녀가 뒤엉켜 난잡하게 노느라 한 달 동안 조회를 보지 않았다. 이에 관용방(關龍逢)이 충심으로 간(諫)하여 말했다. "임금이란 남을 높이고 자신은 낮추며, 신중하고 진실되며 재물을 아끼고 사람을 사랑해야 하는데, 그래야 천하가 편안해지고 종묘사직을 보전할 수 있기 때문입니다. 지금 왕께서는 재물 쓰기를 다 없앨 것처럼 하고 사람 죽이기를 서두르듯이 하고 있습니다. 이에 백성들은 임금이 더디게 망할까 두려워하고 있습니다. 인심이 이미 떠났고 하늘이 돕지 않는데, 어찌 조금도 고치지 않는 것입니까?" 걸왕이 받아들이지 않자 용방 또한 물러서지 않았다. 마침내 걸왕은 용방을 죽여버렸다.

桀鑿池爲夜宮, 男女雜處, 三旬不朝. 關龍逢諫曰, "人君謙恭敬信節用愛人, 故天下安而社稷宗廟固. 今君用財若無窮, 殺人若不勝. 民惟恐君之後亡矣. 人心已去, 天命不祐, 盍少悛乎." 不聽, 龍逢立不去. 桀殺龍逢.

관용방(關龍逢)은 하나라 걸왕의 신하로 역사에서는 은나라 주왕(紂王)의 신하 비간(比干)과 함께 충신의 대명사로 일컬어진다. 역대 충신들은 한결같이 관용방과 비간을 인용하며 자신의 행위를 합리화했다. 『사기(史記)』에서는 하나라 걸왕 때의 충신 관용방과 은나라 주왕 때의 충신인 비간은 모두 임금에게 간언하다 죽임을 당했다고 했다. 한편 무도한 걸왕과 충신 관용방의 고사는『열녀전』「하걸말희(夏桀妹姬)」에도 나오는데, 여기서는 하나라의 멸망을 걸왕의 비(妃) 말희(末喜)의 사치와 방탕함이 원인이었다고 서술하고 있다.

02

난성이 싸우다가 죽다
欒成鬬死

진(晉)나라 곡옥(曲沃) 땅의 무공(武公)이 수도 익(翼) 땅을 공격하여 애후(哀侯)를 죽였다. 이에 애후의 신하 난성이 따라 죽으려 하자 무공이 말리기를, "죽지 마라. 내가 그대를 상경(上卿)으로 삼아 진(晉)나라의 정치를 맡기겠다"라고 했다. 난성은 사양하며 말했다. "들으니 백성은 세 분의 덕분으로 산다고 하는데, 그 세 분을 섬기는 도리는 같다고 합니다. 아버지는 낳아주시고 스승은 가르쳐주시고 임금은 먹여주십니다. 아버지가 아니면 태어나지 못하고 먹여주지 않으면 자라나지 못하며, 가르침이 아니면 세상의 어떤 것도 알지 못하니, 이들은 바로 나를 만들어주신 세 분입니다. 그러므로 한결같이 섬겨서 오로지 내가 처해 있는 곳에서 죽음까지도 바쳐야 합니다. 삶을 주신 보답은 죽음으로 갚고 (타인이) 베풀어준 은혜는 힘으로 갚는 것이 사람의 도리입니다. 제가 감히 사사로운 이익 때문에 사람의 도리를 버릴 수 있겠습니까." 마침내 싸우다가 죽었다.

曲沃武公伐翼, 殺哀侯. 止欒共子曰, "無死, 吾以子爲上卿, 制晉國之政." 辭曰, "成聞之, 民生於三, 事之如一. 父生之, 師敎之, 君食之. 非父不生, 非食不長, 非敎不知, 生之族也. 故一事之, 唯其所在, 則致死焉. 報生以死, 報賜以力, 人之道也. 成敢以私利, 廢人之道." 遂鬪而死.

❀

난공자(?~기원전 709)는 난성(欒成)을 가리키는데, 이름이 성(成)이고 시호가 공(共)이다. 난공숙(欒共叔), 공숙성(共叔成)으로도 불린다. 그의 성(姓)은 희(姬)고 씨(氏)가 난(欒)이다. 춘추시대 진(晉)이 분열되던 당시 익(翼) 땅의 대부였다. 난성의 고사는 진나라 곡옥백(曲沃伯)인 무공(武公)이 쿠데타를 일으키는 와중에 옛 군주 애후(哀侯)를 지키려는 한 신하의 충심을 담고 있다.

그가 본문에서 말한 "民生於三, 事之如一. 父生之, 師敎之, 君食之"는 군사부일체(君師父一體)를 주장하는 전거로 자주 인용되었다. 아버지·임금·스승은 순서를 매기면 선후가 있으나 섬김에는 경중이 없다는 것이다. 난성의 고사는 『국어』「진어(晉語)」, 『춘추좌씨전』에 나오고 『소학』 등에도 인용되었다.

왕촉이 목을 끊어 죽다
王蠋絶脰

연(燕)나라 장수 악의(樂毅)가 제(齊)나라를 격파했다. 그러고는 획읍(畫邑) 사람 왕촉(王蠋)이 어질다는 소문을 듣고 군사에게 영(令)을 내려 그 둘레 30리는 들어가지 못하게 했다. 이어 사람을 보내 왕촉을 나오게 했더니 거절하며 오지 않았다. 악의의 부하들이 말하기를, "네가 오지 않으면 네 고을 획읍 사람들을 모두 죽이겠다"라고 했다. 그러자 왕촉이 말했다. "충신은 두 임금을 섬기지 않고, 열녀는 두 남편을 얻지 않는 법이오. 제나라 왕이 내 간언을 듣지 않기에 물러나 산속에서 농사를 짓고 있소. 그런데 나라도 망하고 임금도 죽었으니 나 또한 살 수가 없게 되었소. 게다가 또 군사로서 나를 협박하니 불의(不義)하게 사느니 차라리 죽는 것이 낫겠소." 말을 끝내고 나뭇가지에 목을 매달아 힘껏 구르자 목이 끊어져 죽었다.

燕樂毅破齊. 聞畫邑人王蠋賢, 令軍中, 環畫邑三十里無入. 使人請蠋, 蠋謝不往. 燕人曰 "不來吾屠畫邑." 蠋曰 "忠臣不事二君, 烈女不更二夫. 齊王不用五諫, 故退而耕於野. 國破君亡, 吾不能存. 而又欲劫之以兵, 吾與其不義而生, 不若死." 遂經其頸於樹枝, 自奮, 絶脰而死.

✽

왕촉(王蠋, ?~기원전 284)은 "충신은 두 임금을 섬기지 않고, 열녀는 두 남편을 얻지 않는다(忠臣不事二君, 烈女不更二夫)"라는 말을 남겨 이후 역사에서 더 유명해졌다. 세종 14년에 『삼강행실도』를 편찬할 때, '충신

불사이군, 열녀불경이부'라고 한 왕촉의 말을 역사상 가장 훌륭한 말이라고 했다. 왕촉이 제나라를 위해 죽었다는 이 이야기는 충절을 자임하는 사람들의 자기 서사에도 적극 활용되었다[『승정원일기』 인조 4년 (1626) 10년 20일 남원의 업무(業武) 송광유의 상소]. 또한 이 말은 열녀 서사에도 즐겨 인용되었다.

이 고사는 연(燕)의 장수 악의(樂毅)가 기원전 284년에 5국의 연합군을 이끌고 제(齊)를 정벌하여 70여 성을 함락시킨 역사적 사실에 바탕하고 있다. 연은 전국칠웅(戰國七雄) 중의 하나다. 이 연제전(燕齊戰)은 중국 고대 전쟁사에서 약소국이 강대국을 이긴 유명한 전쟁으로 기록되었다. 왕촉의 고사는 『사기』 「전단열전(田單列傳)」, 『소학』 등에 실려 있다.

04

기신이 초나라를 속이다
紀信誑楚

기신(紀信)은 한(漢)나라 장수다. 초왕(楚王) 항우가 형양(榮陽)을 포위하자 한왕(漢王) 패공(沛公)이 화친을 청하며 형양 땅을 쪼개 서쪽만 갖기로 했다. 그런데 범증(范增)이 항우에게 서둘러 형양을 치자고 하자, 한왕의 근심이 커졌다.

이에 기신이 말하기를, "일이 급합니다. 신이 초왕을 속일 것이니 왕께서는 사잇길로 나가십시오"라고 했다. 그리고 진평(陳平)이 밤에 여자 2000여 명을 형양의 동쪽 문밖으로 내보내 싸우려는 것처럼 하자 초나라가 사방을 에워싸고 쳐들어왔다. 기신은 곧 '누런 지붕과 큰 깃발로 장식한(黃屋左纛)' 왕의 수레에 올라 말했다. "성안에 먹을 것이 다 떨어져 한왕은 초나라에 항복하노라." 이 말을 듣자 초나라 군사들은 모두 만세를 부르며 기신이 있는 동쪽 성문으로 쳐들어왔다. 그 사이 한왕은 수십 기(騎)의 말을 거느리고 서문(西門)으로 나와 성고(成皋)로 달아났다. 속은 항우는 기신을 불태워 죽였다.

紀信漢將. 項羽圍榮陽, 漢王請和, 割榮陽以西爲漢. 范增勸羽, 急攻榮陽, 王患之. 信曰, "事急矣. 臣請誑楚王可以間出." 於是, 陳平夜出女子榮陽東門二千餘人, 楚因四面擊之. 信乃乘王車, 黃屋左纛曰, "城中食盡, 漢王降楚." 楚皆呼萬歲, 之城東觀. 以故, 王得與數十騎, 從西門出, 走成皋. 羽燒殺信.

✿

기신(紀信, ?~기원전 204)은 유방(劉邦)의 한(漢)나라 창설에 결정적인 역할을 한 인물이다. 이후의 학자들은 충신 기신에 대한 한고조의 대응을 주요 논제로 저마다의 기신론(紀信論)을 전개했다. 즉 죽음으로 충절을 바쳤는데도 불구하고 한고조가 기신을 녹훈하지 않은 데 대한 해석들이다. 장유(張維)는 "기신과 같은 신하가 있었는데도 그 충성스러운 공을 모른 체해 버린다면 신자(臣子)들을 어떻게 권면할 수 있겠는가"라고 했다. 또 그는 작은 공로에도 반드시 보답한 한고조지만 황제의 지위에 오른 게 지난날 속임수로 죽음을 모면한 덕이라는 치욕스러운 사실을 드러내고 싶지 않았기 때문에 기신의 공로를 숨겼을 것이라고 했다(『계곡집』 권3 「한조불록기신론(漢祖不錄紀信論)」). 기신의 고사는 『사기』 「항우본기」, 『한서(漢書)』 「고조본기」에 나와 있다. 조선에서는 기신을 충신의 대명사로 여겨 자주 인용했다.

소무가 부절을 놓지 않다
蘇武杖節

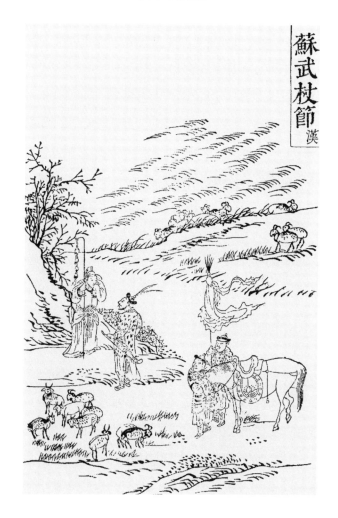

소무(蘇武)는 두릉(杜陵) 사람으로 벼슬이 중랑장(中郞將)이었다. 흉노에 사신으로 가게 되었는데, 그때 마침 위율(衛律, 한나라 사람으로 흉노에 투항한 자)의 부하 우상(虞常)이 위율을 죽이려 하다가 발각되었다. 흉노 왕 선우(單于)는 위율을 시켜 우상을 직접 다스리게 했다. 이때 우상은 소무의 부장(副將) 장승(張勝)을 끌어들이며 함께 모의한 것이라 했다. 이에 소무를 불러 사실을 듣고자 했는데, 소무가 칼을 빼서 스스로를 찌르니 위율이 놀라 붙들고 말렸다. 소무는 반나절을 기절했다가 깨어났다. 위율이 소무에게 말하기를, "부사의 죄 때문에 연좌를 당해야 할 것이오"라고 했다. 소무가 말하기를, "나는 본래 꾀한 바가 없고 또 친족이 아닌데 어찌 연좌를 받아야 하오?"라고 했다. 위율이 칼을 들어 죽이려 하자 소무는 조금도 흔들림이 없었다. 소무를 큰 굴속에 가두고 음식을 끊어버리자 소무는 깃발에 달린 털을 눈(雪)에 섞어 씹어 삼키며 연명했다.

다시 소무를 사람이 살고 있지 않는 북해(北海)로 보내 숫양을 키우게 하며 말하기를, "숫양이 새끼를 낳으면 돌아갈 수 있으리라"라고 했다. 먹을 것이 없자 소무는 구멍을 파서 들쥐가 버린 풀과 흘린 열매를 먹었다. 한나라의 부절[符節, 사신이 갖고 다니는 신표(信標)]을 쥐고 양을 길렀는데, 누우나 서나 지니고 있어 부절의 털이 모두 떨어졌다. 선우가 이릉(李陵)으로 하여금 술을 갖고 가서 소무에게 물어보도록 했다. "당신의 형제는 모두 죄에 걸려 자살했고, 당신의 어머니는 이미 불행해졌으며, 아내 또한 개가해 갔소. 인생이란 이렇듯 아침 이슬 같은데, 무엇 때문에 스스로 이처럼 고통스럽게 삽니까?" 소무가 말하기를, "신하가 임금을 섬기는 것은 자식이 아버지를 섬기는 것과 같소. 자식이 아버지를 위해 죽어도 한스러워할 것이 없는 이치니 다시는 이런 말 하지 마시오"라고 했다. 이릉이 그와 함께 며칠 동안 술을 마시고는 다시 말하기를, "한 번만 나의 말을 들으시오"라고 했다. 소무가 말하기를, "나는 이미 죽기로 결심했소. 기필코 항복을 받아내겠다면 그대 앞에서 죽게 해주시오"라고 했다. 이릉은 그의 지극한 정성을 보고 탄복하여 말하기를, "아아! 의사(義士)로다. 나와 위율의 죄가 하늘에 닿았도다"라고 했다. 그러고는 눈물을 흘리며 소무와 이별하고 떠나갔다. 시원[始元, 한(漢)나라 소제(昭帝)의 연호, 기원전 86~81] 6년 소무가 비로소 본국으로 돌아왔다.

蘇武杜陵人, 以中郞將使凶奴. 會虞常謀殺衛律, 單于使律治之. 常引武副張勝知謀. 召武受辭, 武引刀自刺, 律驚自抱持. 武氣絶, 半日復息. 律謂武曰, "副有罪, 當相坐." 武曰, "本無謀又非親, 何謂相坐." 復擧劍擬之, 武不動. 乃幽武大窖中, 絶不飮食. 武齧雪與旃毛, 幷咽之. 徙北海上, 使牧羝曰 "羝乳乃得歸." 武掘野, 鼠去草實而食. 杖漢節牧羊, 臥起操持, 節旄盡落. 單于使李陵置酒, 謂曰, "足下兄弟皆坐事自殺, 太夫人已不幸, 婦亦更嫁, 人生如朝露, 何自苦如此." 武曰, "臣事君, 猶子事父. 子爲父死, 無所恨, 願勿復言." 陵與飮數日, 復曰 "一聽陵言." 武曰 "自分已死人矣. 必欲降, 請效死扵前." 陵見其至誠歎曰 "嗟乎義士. 陵與衛律罪通于天." 因泣下與武決去. 始元六年武始得還.

❋

소무(蘇武, 기원전 140~60)는 한무제(漢武帝)의 신하로 기원전 100년에 흉노에 사신으로 갔다가 구류되었다. 흉노가 투항하라고 여러 차례 권했지만 거절했다고 한다. 억류되어 있던 19년 동안 한나라 사신임을 표시하는 부절을 한시도 놓지 않음으로써 고국에 대한 충을 표시했다. 한선제(漢宣帝)는 곽광 등의 명신(名臣) 11인의 초상화를 그려 기린각(麒麟閣)에 걸어두었는데, 소무도 그 가운데 한 사람이다. 홍안전서(鴻雁傳書) 고사의 주인공인 소무는 『한서』 「소무전(蘇武傳)」에 소개되었다. 소무의 충절을 조선의 학자들은 즐겨 인용했는데, 19년이라는 긴 세월에도 변함없는 충정을 간직했다는 점에서 충신의 대명사가 되었다.

다산 정약용은 유배 19년을 소무를 통해 위로받았다고 한다. 그 내용을 소개하면 이렇다. 정약용이 처음 옥에 갇혀 시름에 젖어 있을 때 꿈에 한 노부(老父)가 나타나 꾸짖는다. "소무는 19년 동안 참았는데, 지금 그대는 19일의 고통을 참지 못하는가?" 그때 옥에서 나오게 되었는데, 계산해보니 옥에 있은 지 19일이었고, 또 19년 만에 해배되어 귀향하게 되었다는 것이다(『다산시문집』 제16권 「자찬묘지명(自撰墓誌銘)」). 또 다산은 「아사고인행(我思古人行)」이라는 제목의 시에서 19년간 억류된 소무를 생각하며 화기를 보전하고 번뇌를 없애야겠다고 다짐한다. 다산은 소무를 충정보다는 19년 억류 생활을 참고 견딘 결과 살아서 귀향한 것에 주목했다(『다산시문집』 제4권 「아사고인행」).

06

변호의 집안이 충효로 이름나다
卞門忠孝

변호(卞壺)는 진(晉)나라 제음(濟陰) 사람이다. 상서령(尚書令)으로 근무할 때 소준(蘇峻)이 군대를 일으켜 고숙(姑孰) 땅을 함락하고 횡강(橫江)을 건너왔다. 조정의 군대가 누차 막았으나 번번이 패했다. 성제(成帝)가 변호를 도독대항동제군(都督大桁東諸軍)에 명하자 그는 소준과 서릉(西陵)에서 전투를 벌였으나 크게 패했다. 소준이 청계책(靑溪柵)을 공격하자 변호가 대적하여 방어를 하는데, 소준이 바람을 이용하여 불을 놓는 바람에 조정의 관청 여러 건물이 모두 불탔다. 이때 변호는 막 나아가던 등창이 아직 아물지도 않은 상태에서 억지로 참고 싸우다가 죽었다. 두 아들 진(眕)과 우(旴)도 아버지를 따라 적진으로 달려들어 싸우다가 죽었다. 변진의 어머니가 두 아들의 주검을 어루만지며 통곡하기를, "아버지는 충신이고 너희들은 효자이니 무엇이 한스럽겠느냐?"라고 했다. 나라에서는 변호에게 시중표기장군개부의동삼사(侍中驃騎將軍開府儀同三司)의 벼슬로 추증하고, 시호를 내려 '충정(忠貞)'이라 하고 태뢰(太牢)의 예로 제사 지냈다.

卞壺濟陰人. 官尚書令. 蘇峻擧兵反. 陷姑孰. 濟自橫江. 臺兵屢敗. 成帝詔壺. 都督大桁東諸軍. 及峻戰于西陵. 大敗. 峻攻靑溪柵. 壺又拒擊. 峻因風縱火. 燒臺省諸營皆盡. 壺背癰新愈瘡猶未合. 力疾苦戰而死. 二子眕旴. 隨之. 亦赴敵死. 眕母撫二子尸哭曰. "父爲忠臣. 汝爲孝子. 夫何恨乎." 贈侍中驃騎將軍開府儀同三司. 謚曰忠貞. 祠以太牢.

❀

변호(卞壺, 281~328)의 고사는 327년 동진(東晉)에서 발생한 소준의 반란을 배경으로 하고 있다. 당시 동진의 황제 성제(成帝) 사마연(司馬衍, 321~342)의 나이는 6세에 불과했고 제위에 오른 지 2년이 지났을 뿐이다. 따라서 어머니인 명목황후(明穆皇后) 유문군(庾文君)이 섭정을 했다. 변호 부자의 충절은 부자가 대를 이어 나라에 충성한 경우에 주로 인용되었다. 변호의 사적은 『진서(晉書)』 「변호전(卞壺傳)」에 실려 있다.

수실이 홀을 빼앗다
秀實奪笏

단수실(段秀實)은 당나라 견양(汧陽) 사람이다. 주차(朱泚)가 모반을 일으키고 생각하기를, 수실이 병권(兵權)을 잃은 지 오래되어 분명 조정에 대한 울분이 있고 또 본래 덕망이 있다고 여겼다. 이에 군사를 보내 그를 초빙하자 수실이 자제들과 작별하고 가서 주차를 만나 말했다. "하사한 음식이 넉넉하지 않은 것은 일을 담당한 유사(有司)의 잘못일 뿐 천자가 그런 사실을 어찌 알겠소? 마땅히 이런 사실을 알리어 군사들을 잘 달래고 천자를 맞이하시오." 이 제안을 주차는 기꺼워하지 않았다.

이에 수실은 군관(軍官)과 모의하여 주차를 죽이기로 했으나 실패했다. 한편 주차는 한민(韓旻)으로 하여금 군사를 거느리고 가서 어가(御駕)를 맞아 오라 했는데, 사실은 봉천(奉天)을 습격하려는 계략이었다. 수실은 일이 급하다고 하고 거짓으로 요령언(姚令言)의 병부(兵符)를 만들어 주차의 명령을 받고 떠난 한민을 다시 돌아오게 했다. 함께 도모하는 자에게 말하기를, "한민이 돌아오면 우리는 다 죽임을 당할 것이니 내가 직접 주차를 때려죽이겠다. 그를 죽이지 못하면 우리가 죽는다"라고 했다. 이에 유해빈(劉海濱) 등으로 하여금 죽기를 각오한 군사를 은밀히 대기하도록 했다. 한민이 돌아오자 주차는 매우 놀라며 이충신(李忠臣)과 원휴(源休)와 수실 등을 불러 황제가 될 일을 논의했다.

이에 수실이 벌컥 화를 내며 일어나 원휴가 갖고 있던 상아로 만든 홀(笏)을 빼앗은 뒤 주차의 낯에 침을 뱉고 크게 꾸짖었다. "미친 도적놈아! 내가 너를 베지 못한 것이 한스럽다. 어찌 너를 따라 반역을 하겠는가?" 그리고 홀을 가지고 주차의 이마를 힘껏 내리치니 피가 흘러 온 얼굴에 가득했다. 따르는 자들이 주차를 도망가도록 도왔다. 수실이 주차의 패거리에게 말하기를, "나는 너희들과 달리 반란을 일으키지 않았으니 어찌 나를 죽이지 않으냐"라고 하자 무리가 경쟁하듯이 수실을 죽였다.

> 段秀實汧陽. 朱泚反, 以秀實久失兵, 必恨憤, 且素有人望. 遣騎召之, 秀實與子弟訣. 往見泚曰, "犒賜不豐, 有司之過, 天子安得知之. 宜以此諭將士, 迎乘輿." 泚不悅. 秀實與將吏謀誅泚, 未發. 泚遣韓旻, 將兵迎駕, 實襲奉天. 秀實曰事急矣, 乃詐爲姚令言符, 令旻且還, 謂同謀曰, "旻還, 吾屬無類矣. 我當直搏泚殺之, 不克則死." 使劉海濱等, 陰結死士爲應. 旻至, 泚大驚, 召李忠臣源休及秀實等, 議稱帝. 秀實勃然起, 奪休象笏, 前唾泚面, 大罵曰 "狂賊. 吾恨不斬汝. 豈從汝反邪." 以笏擊泚中顙, 流血覆面. 忠臣助泚, 泚得脫走. 秀實謂泚黨曰, "我不同汝反, 何不殺我." 衆爭殺之.

❀

단수실(段秀實, 719~783)은 당나라의 명장이다. 주차(朱泚, 742~784)는 유주(幽州) 창평(昌平) 사람이다. 주차는 당나라 덕종(德宗) 4년(783)에 반란을 일으켜 스스로 황제에 올랐다가 부장(部將)에게 죽임을 당했다. 수실의 고사는 이러한 역사적 사실에 기초하고 있다. 수실의 충이란 모시던 군주를 지키기 위해 간신에게 저항한 내용이다. 그의 사적은 『신당서(新唐書)』 권153 「단수실열전(段秀實列傳)」에 실려 있다.

08

악비가 등에 글자를 새기다
岳飛涅背

악비(岳飛)는 상주(相州) 사람이다. 타고나기를 충성스럽고 효성스러웠다. 과거 오랑캐의 난리 때 고종 황제를 모시고 황하를 건너 남쪽으로 피란하며 아내에게는 집에 머물며 어머니를 봉양하게 했다. 하북(河北) 땅이 오랑캐에게 함락되자 악비는 사람을 보내 노모를 찾았는데, 무려 18번을 오고 간 끝에 겨우 모셔오게 되었다. 그리고 어머니 상을 당해서는 장례를 치른 다음 무덤 옆에 여막을 짓고 거기서 살았다. 황제가 여러 차례 편지를 내려 사방을 강화하라고 한 후에야 일어났다.

악비는 반드시 중원(中原)을 되찾겠다는 각오로 뜻을 세우고 오랑캐를 섬멸하는 것을 임무로 삼았다. 위태로운 때를 당하면 군사들과 맹서하며 눈물을 흘리기도 하고, 어가(御駕)가 있는 곳을 알게 되면 등을 돌리지 않고 앉아 자세를 단정히 했다. 북쪽 오랑캐와 100여 차례의 크고 작은 전투를 치렀는데, 한 번도 진 적이 없었다. 고종은 정충(精忠)이라고 쓴 깃발을 하사하며 치하했다. 이때 정승 진회(秦檜)는 금나라와 화친을 추진했는데, 금의 장수 올출(兀朮)은 편지를 보내 악비를 죽이지 않으면 화친이 이루어질 수 없다고 했다. 진회가 드디어 악비를 죽이기로 마음먹고 묵기설(万俟卨)과 하주(何鑄) 등으로 하여금 황제에게 상소하여 악비를 잡아다 심문하도록 했다. 악비를 전투에 나가지 못하도록 묶어두고는 산양(山陽)을 지키지 않고 버렸다며 글로써 악비 부자(父子)의 행적을 장헌(張憲)에게 증명토록 한 것이다. 결국 악비와 그의 아들 악운(岳雲)을 체포하여 심문했다. 이에 악비가 입었던 저고리를 찢어 등 뒤에 새긴 '진충보국(盡忠報國)' 네 글자를 보여주었다. 그리고 웃으면서 말하기를, "이 마음은 하늘이 알고 땅이 알 것이오"라고 했다. 악비의 옥사는 오랫동안 결론이 나지 않았다. 이에 진회는 직접 쓴 쪽지를 조서인 양 옥리에게 주며 악비를 죽이게 했다. 이때 홍호(洪皓)가 금(金)나라에 잡혀 있었는데, 비밀리에 쓴 편지를 급히 보내왔다. 금나라 사람들이 두려워하는 것은 오로지 악비라는 내용이었다. 그가 죽자 오! 아버지 오! 할아버지 하면서 금나라의 장군 모두 악비의 죽음을 축하하는 축배를 들었다.

岳飛相州人. 忠孝出於天性. 初從駕渡河, 留妻養母. 河北陷沒, 飛遣人求訪, 凡十八往返, 乃獲迎母. 母喪旣葬, 廬於墓側. 御札數四强之, 而後起. 飛立志慷慨, 以必取中原, 滅讎虜爲己任. 臨危誓衆或至流涕, 聞車駕所在, 未嘗背之而坐, 自結髮從. 戎大小百餘戰, 未嘗敗北. 高宗賜精忠旗以嘉之. 秦檜之議和也, 兀朮遺之書, 以爲不殺飛, 和議必不就. 檜遂決計殺飛, 使万俟卨何鑄等交章論劾. 誣飛逗遛, 棄山陽不守, 以飛父子與張憲書證其事. 遂捕飛及其子雲對簿. 飛爲裂裳, 示以背涅盡忠報國四字. 因笑曰, "皇天后士可表此心." 獄久不決. 檜手書小紙付獄, 尋報飛死. 時洪皓在金, 蠟書馳奏. 金人所畏服惟飛, 至以父呼之, 或呼爺爺, 諸酋其死爲酌酒相賀云.

❀

악비(岳飛, 1103~1142)는 송나라 상주(相州) 탕음(湯陰, 지금의 허난성 안양시 탕인현) 출신이다. 송대를 대표하는 무장(武將) 악비는 남송 사대부들에게 최고의 장수로 평가된 후 현대에 이르기까지 충신의 대명사

로 일컬어졌다. 악비는 "문신이 재물을 탐내지 않고 무신이 죽음을 아
끼지 않으면, 천하가 태평해질 것(文臣不愛錢, 武臣不惜死, 天下太平矣)"이
라는 유명한 말을 남겼다. 한편 악비는 효자로도 조명될 수 있는 인물
이다. 그의 충성이 워낙 대단하여 효행이 가려진 것이지 그의 효도 대
단하다는 해석이다. 『송사(宋史)』 「악비열전(岳飛列傳)」에 그의 사적이 실
려 있다.

모함을 받고 옥중에서 사사된 악비가 새 왕의 등극으로 명예를 회복
한 사례는 유사한 상황을 해결하는 데 활용되기도 했다. 태종에게 사
사된 심온에게 시호를 줄 것을 청하며 악비의 사례를 들었다[문종 1년
(1451) 10월 16일]. 선조 17년(1584)에는 중국에서 구해온 『악왕정충록
(岳王精忠錄)』을 왕이 열람해보고 인쇄 출판하게 했는데, 유성룡이 서문
을 지었다. 여기서 악왕은 악비를 가리킨다. 이덕무(李德懋)는 연행길
에, 해상에서 표류하다 구조되어 본국으로 귀환하기 위해 북상하던 백
성들을 만난다. 이들에게서 이덕무는 악악왕(岳鄂王)의 무덤이 대단하다
는 이야기를 듣게 된다. 이에 이덕무는 "묘 앞에 아직도 쇠사람(鐵人)이
꿇어앉아 있던가?" 하고 묻자 사람들은 쇠사람이 있긴 한데 모두 팔다
리가 부러져 있었다고 한다. 이에 대해 이덕무는 진회(秦檜)와 그 처(妻)
및 묵기설이 꿇어앉아 있는 형상을 묘 앞에 만들어놓은 것인데, 오가던
사람들이 분을 이기지 못해 쇠사람의 팔다리를 깬 것이라고 설명한다
(『청장관전서(靑莊館全書)』 권66 「입연기(入燕記)」上). 송나라의 충신 악비가
조선의 선비들에게 어떻게 읽혔는가를 보여주는 사례다.

09

문천상이 뜻을 굽히지 않다
天祥不屈

문천상(文天祥)은 송(宋)나라 길수[吉水, 지금의 장시성(江西省) 중부 지역] 사람이다. 덕우[德祐, 송 공제(恭帝)의 연호, 1275~1276] 초에 원나라 군사가 세 군데 길로 크게 쳐들어오니 황제가 나라에 조서를 내려 근왕병을 구했다. 이에 문천상이 조서를 받들고 울면서 각 고을에서 빼어난 자들을 뽑아 모아 만 명을 만들어 나라를 구하러 출정했다. 어떤 사람이 말하기를, "당신의 행위는 양을 몰아 범을 치려는 것과 무엇이 다르오?"라고 했다. 천상이 말하기를, "나도 그렇다는 것을 알고 있다. 나라에서 선비를 길러온 지 300년이 되었으나 하루아침의 위급한 상황에 한 사람도 응하는 자가 없으니 내가 깊이 한탄하는 바다. 그래서 스스로의 힘을 헤아리지 않고 몸을 던져 죽기를 각오하는 것이다"라고 했다.

문천상의 군대는 오파령[五坡嶺, 지금의 광둥성 하이펑현(海豐縣)]에서 궤멸했고, 그는 적에게 잡혔다. 이에 독약을 삼켰는데 죽지는 않았다. 문천상은 송과 원의 전투가 한창이던 애산(崖山)으로 끌려갔다. (이때 장세걸과 육수부는 황제를 안고 애산 바다 가운데로 달아났는데) 원(元)의 장수 장홍범(張弘範)이 글을 써서 장세걸을 불러오도록 했다. 이에 문천상이 말하기를, "나는 부모를 막아주지도 못했는데, 다른 사람에게 부모를 배반하라고 하겠는가?"라고 했다. 장홍범이 말하기를, "너의 나라는 망했다. 네가 죽어 충신이 되고자 하나 후에 누가 기록해주겠는가?"라고 했다. 문천상이 말하기를, "상(商)나라가 망했으나 백이와 숙제가 주(周)나라의 곡식을 먹지 않으며 신하 된 자의 마음을 다했을 뿐이다. 어찌 후세에 알아주고 아니고를 논하겠는가"라고 했다. 이에 홍범의 낯빛이 변하며 문천상을 연(燕) 땅으로 보내어 가두었는데, 여드레 동안 먹지 않았는데도 죽지 않았다.

　승상 발라(孛羅)가 묻기를, "너희가 두 왕을 세워 무엇을 하려는 건가?"라고 했다. 문천상이 말했다. "임금을 세워 하루라도 종묘를 보존하는 것은 신하 된 자로서 하루 책무를 다하는 것이다. 신하가 임금을 섬기는 것은 자식이 부모를 섬기는 것과 같다. 부모가 병이 심하게 들어 고치기 어렵다 하더라도 어찌 약을 쓰지 않을 수 있겠는가? 나는 죽기를 기다릴 뿐이니 무슨 긴 말이 있겠는가?" 문천상이 옥에 갇힌 지 한 달여 만에 원(元)의 군주가 불러 묻기를, "네가 원하는 게 무엇이냐?"라고 했다. 문천상이 말하기를, "나는 송나라의 은혜를 입어 재상이 되었으니 두 성(姓)을 섬길 뜻이 없다. 한 번 죽는 것으로 족할 뿐이다"라고 했다. 지원(至元, 원 세조의 연호, 1264~1294) 임오년(1282)에 죽임을 당했는데, 죽기 전에 유독 침착하며 옥졸에게 말하기를, "나는 오늘 해야 할 일을 다 끝냈다"라고 했다. 그리고 남쪽 송나라를 향해 재배하고 곧바로 숨을 거두었다. 며칠 후 그의 아내 구양(歐陽)씨가 그의 시신을 거두었는데, 얼굴은 살아 있을 때와 같았다. 옷을 풀어보니 허리띠 안에 글이 적혀 있었다. "공자는 인(仁)을 이루라 했고, 맹자는 의(義)를 취하라 했다. 의를 다함으로써 인에 이르는 것이니 옛 성현의 글을 읽고 무엇을 배웠는가. 이제부터 나는 부끄러움이 없을 것이다."

　文天祥吉水人. 德祐初, 元兵三道大入, 詔天下勤王. 天祥捧詔, 泣爲發郡中豪傑, 以爲合萬人赴義. 或謂曰, "子是行何異驅羊而搏虎." 天祥曰, "吾亦知其然也. 第國家養士三百年, 一朝有急, 無一人入關者, 吾深恨. 此故不自量力而

以身殉之. 五坡嶺之潰天祥, 被執. 呑腦子不死. 至崖山. 元帥張弘範, 令以書
招張世傑. 天祥曰, "我不能扞父母, 乃敎人叛父母乎." 弘範曰, "國亡矣. 殺身
爲忠, 誰復書之." 天祥曰, "商非不亡夷齊不食周粟, 人臣各盡其心. 何論書不."
弘範改容, 送燕, 不食八日不死. 丞相孛羅問曰, "汝立二王做得甚事." 天祥曰,
"立君以存宗廟, 存一則盡臣子一日之責. 人臣事君如子事父母, 父母有疾, 雖甚
不可, 爲豈有不下藥之理. 有死而已, 何必多言." 繫獄月餘元主爲召入問曰, "汝
何願." 天祥曰, "某受宋恩爲宰相, 無事二姓理. 願賜一死足矣." 至元壬午賜死,
臨刑殊從容. 謂吏卒曰, "吾今日事已畢." 南向再拜, 乃就死. 數日, 其妻歐陽氏
收其屍, 面如生. 檢衣帶中有. 贊曰, "孔曰成仁, 孟曰取義. 惟其義盡, 所以仁
至. 讀聖賢書, 所學何事? 而今而後, 庶幾無愧."

❁

문천상(文天祥, 1236~1283)의 고사는 1279년 원나라와 남송의 최후 결
전을 배경으로 하고 있다. 애산(崖山)은 광둥성의 바다 가운에 있는 요
새로 남송의 장수 장세걸(張世傑)이 황제 병(昺)을 받들고 최후의 항전을
벌이다가 패한 곳이다. 이때 육수부(陸秀夫)는 황제를 업고 바다에 빠져
죽었는데, 이 전투를 끝으로 원(元)의 역사가 시작되었다. 이때 문천상은
원나라 장수 장홍범에게 붙잡혀 연경으로 끌려가 3년 동안이나 온갖 회
유와 협박에도 굴하지 않고 절조를 지키다 죽었다고 하여 원세조(元世祖)
는 그를 '진짜 사나이(眞男子)'라고 했다 한다(『송사』「문천상열전(文天祥
列傳)」). 문천상, 장세걸, 육수부를 애해(崖海)의 삼충(三忠)이라고 한다.

문천상은 원에 항거하다 죽었지만 그의 아들 문승(文陞)은 원나라에서 벼슬하여 집현학사가 되었다. 이를 두고 조선의 윤선도는 "부친을 망각하고 원수를 섬겼다"며 비난하였다. 나아가 "임금 잊고 적에게 붙은 건 옛날에도 있었지만 너처럼 무부무군의 죄인은 있지 않았도다"며 맹비난을 퍼부었다(『고산유고』 권6 「인간독사각군신(人間讀史各君臣)」). 문천상의 충절을 조선 선비들이 어떻게 인식하고 있었는가는 홍대용의 글에도 잘 표현되었다. 홍대용은 북경 가는 길에 문천상의 사당을 방문하게 되는데, 만고강상(萬古綱常)이라고 황제가 쓴 현판이 있었지만 소상(塑像)이 부스러지고 처마가 허물어진 것을 보고 마음 아파 한다. 그리고 가져간 은화 100냥을 집수리에 희사할 뜻을 사당지기에게 전한다. 돌아온 것은 어필 편액이 있어 사사로이 수리하는 것을 금하고 있다는 대답이었다(홍대용, 『담헌서』 「외집」 '연기(燕記)'). 문천상의 충절을 숭모하는 분위기가 조선의 지식인 사회에 형성되어 있었음을 알 수 있다.

10

사방득이 곡기를 끊다
枋得不食

사방득(謝枋得)은 송나라 신주(信州) 사람이다. 원나라 군사가 요주(饒州)를 공략했을 때 안인(安仁)에서 대항해 싸웠는데, 패하자 그는 이름을 바꾸고 당석산(唐石山, 지금의 푸젠성에 위치)으로 들어갔다. 다시 다판[茶坂, 지금의 푸젠성 우계현(尤溪县) 소재]으로 옮겨 여인숙에서 거처했다. 날마다 베옷과 짚신을 갖추고 동쪽을 향하여 곡(哭)을 하니 사람들은 이유를 모르고 미친병에 걸린 것으로 알았다. 원(元)의 군사가 신주[信州, 지금의 장시성 상라오시(上饒市) 부근]에 쳐들어와 방을 붙여 사방득을 잡으려고 그의 아내 이씨를 양주(揚州)에 잡아두었다.

그때 사방득은 창산사(蒼山寺)에 들어가 있었는데, 절은 험준한 산골짜기에 있었다. 대사면이 내려져 사방득이 밖으로 나와보니 아내는 이미 죽고 없어 건양(建陽) 역(驛)의 다리 부근에서 기식했다. 복건행성참정(福建行省參政) 위천우(魏天祐)가 그를 북쪽으로 끌고 가고자 했으나 방득은 죽기를 다짐하며 응하지 않았다. 천우가 말을 걸어도 앉아 있기만 할 뿐 대꾸하지 않다가 간혹 오만한 언사를 무례하게 내뱉곤 했다. 천우가 포기하며 말하기를, "고을을 다스리는 신하가 마땅히 죽어야지, 봉토 안인(安人)이 무너졌는데 어찌 죽지 않았는가?"라고 했다. 이에 방득이 말했다. "정영(程嬰)과 저구(杵臼) 중 하나는 먼저 죽고 하나는 뒤에 죽었다. 왕망(王莽)이 한(漢)을 찬탈한 지 14년이 되어 공승(龔勝)이 죽으니 그 죽음은 태산보다 무겁다 했고 또 기러기 털보다 가볍다 했으나 관(棺)을 덮자 평정되었다. 참정은 어찌 이것을 모른단 말이오?"

이로부터 방득은 20여 일을 먹지 않았는데, 죽지는 않았다. 그는 다시 연경(燕京)으로 압송되었는데, 도착하자 사태후(謝太后)의 빈소와 영국공(瀛國公)이 계신 곳을 묻고 그곳을 향해 재배하고 통곡했다. 그는 다시 민충사(憫忠寺)로 옮겨졌는데, 벽 사이에서 조아(曹娥)의 비(碑)를 보고 울면서 말하기를, "어린 여자도 그러했거늘 나는 그만 못하구나"라고 했다. 유몽염(留夢炎)이 사람을 시켜 약을 미음에 섞어 방득에게 올리게 했다. 방득이 노하여 말하기를, "내가 죽기를 원하거늘 너는 살기를 원하는구나"라고 하고 그릇을 땅에 던져버리고 끝내 먹지 않고 죽었다.

謝枋得信州人. 北軍攻饒州, 拒戰于安仁, 敗績, 變姓名入唐石山. 轉茶坂, 寓逆旅中. 日麻衣躡屨東向而哭, 人不識之以爲病狂也. 元軍至信州, 鏤榜跟捕, 執妻李氏拘揚州. 枋得入蒼山寺, 處崎嶇山谷. 會大赦乃出時, 妻已斃, 寓建陽之驛橋. 福建行省參政魏天祐, 逼以北行, 枋得不肯以死自誓. 天祐與言, 坐而不對. 或嫚言無禮. 天祐讓曰, "封疆之臣當死, 封疆安仁之敗, 何不死." 枋得曰, "程嬰杵臼一死於前. 一死於後. 王莽簒漢十四年, 龔勝乃死, 死有重於泰山, 輕於鴻毛, 蓋棺事定. 參政豈足以此?" 卽不食二十餘日不死. 至燕京, 問謝太后欑所及瀛國所在, 再拜慟哭. 遷憫忠寺見壁間曹娥碑泣曰, "小女猶爾, 吾不如若哉." 留夢炎使人持藥雜米飮, 以進枋得. 怒曰, "吾欲死, 汝乃欲生耶." 擲之地, 終不食死.

사방득(謝枋得, 1226~1289)은 남송의 정치가이자 학자로 신주(信州)

지주(知州)를 지냈다. 본문에서 사방득이 참배했다는 사태후(1210~1284)는 남송 이종(理宗)의 황후로 이름은 사도청(謝道淸)이다. 손자 공제(恭帝, 1271~1323)가 네 살에 황제에 오르자 황태후의 자격으로 섭정을 했다. 공제는 재위 2년 만에 원(元)에 의해 멸망하여 영국공(瀛國公)으로 강등되었고, 그 후 출가하여 승려가 되었다. 사방득이 예로 든 정영(程嬰)과 공손저구(公孫杵臼)는 춘추시대 진(晉)나라 사람들인데, 모두 사절을 목표로 삼았지만 실현의 시기는 다를 수 있음을 보이고자 한 것이다.

문장과 학문에 능했던 사방득은 『첩산집(疊山集)』 16권과 『문장궤범(文章軌範)』 7권, 『천가시(千家詩)』의 저서를 남겼다. 당송 시대의 명문을 수록한 『문장궤범』은 과거 공부의 교본으로 활용되었다. 『천가시』는 아동 교육서로 편성된 시집이다. 사방득의 사적은 『송사』 권425 「열전」에 수록되어 있다. 『삼강행실도』에서 방득여소(枋得茹蔬)가 『오륜행실도』에서는 방득불식(枋得不食)으로 바뀌었다. 아내 이씨는 '이씨가 감옥에서 목을 매다(李氏縊獄)'의 제목으로 『오륜행실도』 「열녀도」에 실려 있다.

11

보안이 충절을 온전히 하다
普顔全忠

보안불화(普顔不花)는 몽고 사람으로 관직은 참지정사(參知政事)였다. 지정(至正) 18년(1359)에 시어사(侍御史) 이국봉(李國鳳)과 강남 땅을 공략하라는 영을 받았다. 건녕(建寧) 땅에 이르자 진우량(陳友諒)이 장수 등극명(鄧克明)을 보내 침략해왔다. 이때 이국봉은 몸을 피해 달아났다. 하지만 보안불화는 말하기를, "내가 황제의 명을 받고 이곳에 왔는데, 어디로 간단 말인가? 맹세코 이 성(城)과 존망(存亡)을 함께할 것이다"라고 했다. 적을 맞아 싸운 지 64일 만에 적의 무리를 크게 무찔렀다.

이듬해에 보안불화는 황제의 부름을 받고 돌아가 산동선위사(山東宣慰使)에 제수되어 익도(益都)를 지키게 되었다. 이번에는 명나라 군대가 국경을 압박해왔다. 보안불화는 성을 지키기 위해 힘써 싸웠으나 성이 함락되고 평장보보(平章保保)가 성 밖으로 나가서 항복했다. 보안불화는 집으로 돌아와 어머니에게 말했다. "저는 충과 효 둘 다를 보전할 수 없게 되었습니다. 다행히 두 아우가 있으니 어머니를 끝까지 모실 것입니다." 그리고 어머니에게 절하고 관사(官舍)로 달려가 당상(堂上)에 좌정했다. 한편 명나라 장수는 그가 어질다는 소문을 듣고 여러 차례 불렀지만 그는 가지 않았다. 그러자 바로 사로잡아 갔다. 보안불화가 말하기를, "나는 원(元) 왕조의 진사로 벼슬이 높은 자리에 이르렀다. 일이 이미 여기에 이르렀는데 어찌 살려고 하겠는가"라고 했다. 결국 굴복하지 않다가 죽었다. 그의 아내 아노진(阿魯眞)은 아들을 안고 관사의 북쪽 우물에 빠져 죽었고, 그의 딸과 첩, 손녀도 모두 뒤따라 빠져 죽었다. 그리고 두 아우의 아내는 저마다 어린아이를 안고 비첩들과 함께 관사의 남쪽 우물에 빠져 죽었다.

普顏不花蒙古氏, 官參知政事. 至正十八年, 詔與侍御史李國鳳, 經略江南. 至建寧, 陳友諒遣鄧克明來寇. 國鳳遁去. 普顏不花曰, "我承制來此, 去將何之. 誓與此城, 同存亡耳." 拒戰六十四日, 大敗賊衆. 明年召還, 授山東宣慰使, 守益都. 大明兵壓境. 普顏不花捍城力戰, 城陷, 韓保保出降. 普顏不花還告其母曰, "兒不能兩全忠孝. 幸有二弟, 當終養." 拜母趨官舍, 坐堂上. 主將素聞其賢, 召之再三, 不往. 旣而面縛之. 普顏不花曰, "我元朝進士, 官至極品. 事已至此, 何以生爲." 竟不屈而死. 其妻阿魯眞抱其子, 投舍北井, 其女及妾孫女皆隨溺. 二弟之妻各抱幼子及婢妾, 溺舍南井死.

❋

보안불화(普顏不花, ?~1367)는 몽고인으로 원(元)의 건립으로 수많은 몽고인과 함께 중원으로 진출해 살며 한족(漢族)의 문화를 받아들였다. 어릴 때부터 총명하여 경문을 익히는 데 특출했다. 원대 최고 학부인 국자감에서 몽고어와 한문으로 사서오경을 공부하며 몽고의 풍습을 보존하기 위해 기마와 궁술을 놓지 않았다. 지정(至正) 5년(1345)에 장원으로 급제했다. 지정은 원 혜종(惠宗)의 세 번째 연호이자 원의 마지막 연호로 1341~1370의 30년간 사용했다. 1367년 보안불화가 죽고 1년도 못 되어 원나라의 대도(大都, 지금의 베이징)가 명(明) 군대에 의해 함락되어 망했다. 그의 사적은 『원사(元史)』 권196 「보안불화전(普顏不花傳)」에 나와 있다.

12

박제상이 충렬을 보이다
堤上忠烈

박제상(朴堤上)은 신라 시조 혁거세(赫居世)의 후손으로 벼슬이 삽량
주간(歃良州干)이었다. 앞서 신라 18대 실성왕(實聖王)이 17대 내물왕
(奈勿王)의 아들 미사흔(未斯欣)을 왜에 볼모로 보내고 또 미사흔의 형
복호(卜好)를 고구려에 볼모로 보냈다. 19대 눌지왕(訥祇王)은 즉위하자
마자 볼모로 간 형제들을 그리워하며 변사(辨士)를 얻어 가서 맞아오려
고 했다. 이에 제상이 자청하여 고구려로 가서 고구려 왕을 설득하여
신라 왕자를 데리고 돌아왔다. 눌지왕이 기뻐하며 말하기를, "두 아우
를 내 좌우의 어깨처럼 여겼는데, 이제 한 어깨만 얻었으니 어찌할까!"
라고 했다.

　　제상이 인사하고 나오면서 집에도 들어가지 않고 바로 길을 나서 왜
국으로 들어갔다. 거짓으로 왕이 자신의 부형을 죽이기에 도망 나온 것
이라고 하자 왜왕이 제상의 말을 믿었다. 제상이 미사흔과 배를 타고
노는 것처럼 하니 왜인이 의심하지 않았다. 제상이 미사흔에게 몰래 돌
아가기를 권하자 미사흔은 함께 가고 싶어 했다. 이에 제상이 말하기
를, "둘 다 가면 계획이 이루어지 않을 것입니다"라고 했다.

　　미사흔이 이미 멀리 떠나가자 왜왕이 제상을 붙잡아 물었다. "왜 몰
래 왕자를 보냈나?" 제상이 대답하기를, "나는 신라의 신하다. 우리 임
금의 뜻을 이루어드리고자 한 것이다"라고 했다. 왜왕이 노하여 말하
기를, "신라의 신하라고 하니 죽여야겠다"라고 했다. 박제상의 발바닥
가죽을 벗기고 갈대를 베어 날이 서게 하여 제상에게 그 위를 뛰게 하
며 물었다. "너는 누구의 신하냐?" "나는 신라의 신하다." 또 불로 달군
철판 위에 서 있게 하여 누구의 신하인가를 물었다. 제상이 말하기를

"신라의 신하다"라고 했다. 왜왕은 제상이 굽히지 않을 줄을 알고 그를 불태워 죽였다. 고국에 남은 그의 아내는 세 딸을 데리고 치술령(鴟述嶺)에 올라가 왜국 쪽을 바라보며 울다가 죽었다.

朴堤上新羅始祖, 赫居世之後, 仕爲歃良州干. 先是實聖王遣奈勿王子未斯欣質倭, 又遣未斯欣兄卜好質高句麗. 訥祗王立, 思得, 辨士往迎之, 堤上請行. 至句麗, 說王同歸. 王喜曰, "念二弟如左右臂, 今只得一臂, 奈何." 堤上拜辭, 不入家, 至倭國. 紿言王殺我父兄故逃來, 倭王信之. 堤上與未斯欣乘舟, 若游玩者, 倭人不疑. 堤上勸未斯欣潛還, 未斯欣欲偕歸. 堤上曰, "俱去, 恐謀不成." 未斯欣行旣遠, 倭王囚堤上, 問曰, "何竊遣王子" 對曰, "臣是雞林臣, 欲成吾君之志耳." 倭王怒曰, "言雞林臣, 必具五刑." 命剝脚下皮, 刈蒹葭, 使趨其上, 問曰, "何國臣." 曰, "雞林臣." 又使立熱鐵上, 問何國臣. 曰, "雞林臣." 倭王知不屈, 燒殺之. 妻率三娘, 上鴟述嶺, 望倭國哭死.

❀

박제상(朴堤上)은 삽량주[歃良州, 지금의 양산(梁山)]의 태수였다. 그의 이름을 『삼국사기』에서는 박제상이라 하고, 『삼국유사』에서는 김제상이라 하였는데, 박씨 혹은 김씨라는 성은 후대에 붙인 것으로 보고 있다. 박제상이 눌지왕과의 대화에서 했다는 "충신은 일에는 어려움을 사양하지 않고, 의리에는 죽음을 사양하지 않는다"는 말도 유명하다. 박제상이 일본에서 죽임을 당한 후 그의 처와 두 딸은 치술령으로 올라가 동쪽 바다를 바라보고 곡하며 슬피 부르짖다가 죽었다는 이야기는 열녀 서사에서 다루어져왔다. 박제상의 사적은 『삼국사기』와 『삼국유사』에 나온다.

13

비녕자가 적진으로 돌진하다
丕寧突陣

비녕자(丕寧子)가 살았던 곳과 성씨에 대해서는 알지 못한다. 신라 선덕여왕(진덕여왕의 오기임) 원년에 백제 장군 의직(義直)이 군대를 이끌고 감물(甘勿, 경북 김천시 개령면 지역의 옛 지명)과 동잠(桐岑, 경북 구미 지역의 옛 이름) 두 성(城)을 공격했다. 왕이 김유신(金庾信)에게 군사를 거느리고 나가 막게 했다. 힘든 전투에 기운이 다하자 유신이 비녕자를 돌아보며 말하기를, "사태가 급하다. 네가 분발하여 기특한 꾀를 내어 무리의 마음을 격려시킬 수 있겠느냐?"라고 했다. 비녕자가 절하며 말하기를, "마땅히 죽음으로 보답하겠습니다"라고 했다. 그리고 밖으로 나와 노비 합절(合節)에게 말했다. "지금 나는 나라를 위해 죽으려 하는데, 내 아들 거진(擧眞)이 나이는 비록 어리지만 뜻이 크므로 반드시 나와 함께 죽으려 할 것이다. 부자가 다 죽으면 집안사람들이 누굴 의지하겠느냐. 네가 거진과 함께 내 뼈를 거두어 돌아가 그 어미의 마음을 위로하라." 말을 마치자 바로 말을 몰아 적진으로 돌진하여 여러 사람을 찔러 죽이고 그 또한 죽었다.

거진이 이것을 보고 있다가 바로 적진으로 달려가려고 하자 합절이 말했다. "대인(大人)께서는 저에게 도련님을 모시고 집으로 돌아가 부인을 위로해드리라 하셨습니다. 그런데 지금 자식으로서 아버지의 명을 저버리고 어머니의 사랑까지 저버리면 되겠습니까?" 합절이 말고삐를 잡고 놓아주지 않았다. 이에 거진이 말하기를, "아버지의 죽음을 보고도 구차히 살아간다면 어찌 효자라 할 수 있겠느냐?"라고 했다. 그리고 칼을 들어 합절의 팔을 베고 말을 몰아 적진으로 돌진하여 싸우다가 죽었다.

이를 보고 있던 합절이 말하기를, "주인이 죽었는데 죽지 않고 무엇을 하겠는가?"라고 하고 싸우다가 죽었다. 이에 크게 용기를 얻은 신라의 군사들이 다투어 진격하여 적병 3000여 명을 베어 죽였다. 왕이 이것을 듣고 눈물을 흘리며 예를 갖춰 장사 지내도록 하고, 그 집에 재물을 후하게 내렸다.

丕寧子不知鄕邑族姓. 新羅善德女王元年, 百濟將軍義直率兵, 分攻甘勿·桐岑二城. 王遣金庾信率兵拒之, 苦戰氣竭. 庾信顧謂丕寧子曰, "事急矣. 子能奮激出奇, 以勵衆心乎." 丕寧子拜曰, "當以死報." 出謂奴合節曰, "吾爲國家死之. 吾子擧眞年雖幼有壯志, 必欲俱死. 若父子幷命, 則家人疇依. 汝其與擧眞, 好收吾骨歸, 以慰其母心." 卽鞭馬, 橫槊突陳, 格殺數人而死. 擧眞望之欲赴, 合節曰, "大人令合節, 奉何郞還家, 以慰夫人. 今子負父命, 棄母慈, 可乎." 執轡不放. 擧眞曰, "見父之死而苟存, 豈孝子?" 卽以劍擊合節臂, 奔入敵中戰死. 合節曰, "所天崩矣, 不死何爲." 亦交鋒而死. 軍士爭進, 斬首三千餘級. 王聞之涕淚, 禮葬厚賜.

❖

비녕자(丕寧子)의 고사는 647년(진덕여왕 1)에 백제가 무산(茂山)·감물(甘勿)·동잠(桐岑) 등 신라의 3성에 쳐들어왔을 때의 상황을 배경으로 한다. 비녕자의 사적은 『삼국사기』 권5 「신라본기(新羅本紀)」 '진덕왕(眞德王)', 「백제본기(百濟本紀)」 '의자왕(義慈王)', 『삼국사기』 「열전」 '비녕자

(조寧子)'에 나온다. 비녕자의 고사는 신하가 임금을 위해 죽고 자식이 아비를 위해 죽고 종이 주인을 위하여 죽은 고금에 드문 신라의 미풍양속으로 기억되었다(『승정원일기』 영조 5년 8월 19일).

14

정추와 이존오가 상소하다
鄭李上疏

정추(鄭樞)는 청주 사람이고 이존오(李存吾)는 경주 사람이다. 고려 공민왕이 신돈(辛旽)을 총애하자 정추와 이존오가 상소를 올렸다. "신돈은 국정을 전횡하며 임금을 무시하는 마음이 있습니다. 항시 말을 타고서 궁문을 출입하고 전하와 함께 등받이 의자를 마주하고 앉습니다. 최항(崔沆)·임연(林衍) 같은 이들도 이러지는 않았습니다." 이에 왕이 노하여 정추 등을 불러 꾸짖었다. 이때 신돈은 왕과 의자를 마주하고 앉아 있었는데, 이존오가 눈을 부라리며 꾸짖으니 신돈이 황급히 의자에서 내려왔다. 왕이 더욱 노하며 이춘부(李春富)와 이색(李穡)에게 명하여 누가 시킨 것인지를 조사하게 했다. 정추가 말하기를, "임금이 나쁜 사람에게 정사를 맡겨 사직이 위태롭게 되어 가만있을 수 없었을 뿐 어찌 다른 사람의 꼬임이 있을 수 있겠소?"라고 했다. 이때 신돈은 몰래 사람을 보내 이존오를 꾀어 말하기를, "그대가 경복흥(慶復興)과 원송수(元松壽)의 꼬임에 빠졌다고 말해준다면 죄를 면해주겠소"라고 했다. 존오가 꾸짖어 말하기를, "내가 간관(諫官)으로 도적을 논핵한 것인데, 어찌 다른 사람의 지시를 받겠는가?"라고 했다.

신돈은 이존오를 죽이기로 마음먹었다. 이에 이색이 이춘부에게 말하기를, "왕조가 시작된 이래 간신(諫臣)을 죽인 경우는 없었소. 만약 그를 죽이면 이 일로 영상(領相)의 이름이 손상될까 걱정되오"라고 했다. 이춘부가 신돈에게 말해 이존오를 사형이 아닌 귀양을 보내도록 했다. 귀양지에 간 이존오는 울화가 쌓여 병이 되었다. 병세가 위중해지자 자신을 부축하여 일으키라고 하고 말하기를, "신돈이 아직도 설치고 있느냐? 돈이 죽어야만 나도 눈을 감는다"라고 했다. 다시 자리에 눕더니 안정을 찾지 못하다가 죽었다.

鄭樞淸州人, 李存吾慶州人. 恭愍王方寵辛旽, 樞存吾上疏曰, "旽專國政, 有
無君心. 常騎馬出入宮門, 與殿下並據胡床. 雖崔沆林衍, 亦未若此." 王怒, 召
樞等面責. 時旽與王對床, 存吾目旽叱之, 旽惶駭不覺下床. 王愈怒, 命李春富
李穡鞫誘者. 樞曰, "見上委政非人, 將危社稷, 不得黙黙, 豈待人誘." 旽陰使人
誘存吾曰, "若引慶復興, 元松壽則可免." 存吾叱曰, "身爲諫官, 第論國賊, 安有
爲人所指." 旽必欲殺之. 穡謂春富曰, "祖宗以來, 未嘗殺諫臣. 若殺之, 領相之
名, 恐由是而不美." 春富白旽, 得減死謫外. 存吾以憂成疾. 疾革使扶起曰, "旽
尚熾乎. 旽亡吾乃亡." 反席未安而卒.

정추(鄭樞, 1333~1382)와 이존오(李存吾, 1341~1371)가 신돈을 탄핵하
는 상소를 올린 것은 공민왕 15년(1366)의 일이다. 그 내용이 『고려사절
요』 권28에 실려 있다. 정추는 신돈(?~1371)이 죽은 후 다시 관직에 등
용되는데, 성균관 대사성으로 세자 시절 우왕(禑王)을 가르쳤고, 우왕
의 즉위로 정당문학 등의 높은 벼슬에 올랐다. 문집 『원재집(圓齋集)』이
있다. 여말선초에 문신으로 활약한 정총(鄭摠, 1358~1397)과 정탁(鄭擢,
1363~1423)이 그의 아들이다.

이존오는 20세에 문과에 급제한 후 사관으로 발탁되어 정몽주 등과
벗하며 학문을 강론했다. 정추와 함께 신돈의 횡포를 탄핵하다가 왕의

노여움을 샀으나 이색 등의 옹호로 극형을 면하고 지방으로 좌천되었다가 공주 석탄(石灘)에서 은둔생활을 하며 신돈에 대한 울분을 지닌 채 31세로 죽었다. 신돈이 죽은 후 성균관 대사성에 추증되었다. 문집으로 『석탄집(石灘集)』이 있고, 신돈의 전횡을 규탄한 「논신돈소(論辛旽疏)」와 백제 멸망의 사적을 회고한 「석탄행(石灘行)」 등의 작품이 있다. 『고려사』권112 「열전」 '이존오(李存吾)'에 그의 사적이 수록되어 있다. 조선 중종 때는 충청도 관찰사 이세응의 요청으로 절개를 지키다 죽은 이존오의 마을 석탄에 정문을 세웠다. 정추와 이존오는 충절의 대명사로 조선 선비들의 모델이 되었고, 그들의 충절에 빗대어 당시의 권간들을 비판하는 방식으로 담론화되었다.

15

정몽주가 죽임을 당하다
夢周殞命

정몽주(鄭夢周)는 영일(迎日) 사람으로 고려의 수상직인 문하시중(門下侍中)이었다. 처음에 최영(崔瑩)이 신우[辛禑, 우왕(禑王)을 조롱하여 부르는 이름]에게 군대를 일으켜 요동을 공략하도록 권했다. 이때 태조는 요동으로 떠났다가 위화도에서 회군하여 우왕을 폐하고 창왕을 복위시켰다. 조준(趙浚)·정도전(鄭道傳)·남은(南誾) 등은 천명(天命)과 인심(人心)이 향한 곳을 알아 태조를 추대하려고 했다.

홍무(洪武) 임신(壬申, 1392) 3월 태조가 말에서 떨어진 일이 있었는데, 정몽주가 조준·정도전·남은 등이 함께 태조를 섬기는 것을 우려하여 대간(臺諫)으로 하여금 탄핵하여 귀양 보내게 했다. 이어 김귀련(金龜聯)과 이반(李蟠)으로 하여금 적소로 뒤따라가 죽이게 했다. 이에 의안대군(義安大君) 이화(李和)와 흥안군(興安君) 이제(李濟) 등이 태조에게 정몽주의 계책을 알리어 말하기를, "사태가 이미 급해졌습니다. 어떻게 합니까?"라고 했다. 태조가 말하기를, "죽고 사는 것은 명(命)에 달렸다. 순순히 따를 뿐이다"라고 했다.

이화와 이제가 휘하에 있던 조영규(趙英珪)에게 말하기를, "이씨가 고려 왕실에 공이 있는 것은 모든 사람이 안다. 지금 남의 손에 무함을 받으면 후세에 누가 이 사실을 알겠는가. 휘하의 무사 중에 적당한 자가 없겠는가?"라고 했다. 영규가 말하기를 "감히 어찌 명을 따르지 않을 수 있겠습니까"라고 했다. 이에 조영규 등이 요로를 지키고 있다가 몽주를 쳐서 죽였다. 태조가 크게 노하여 이로 인해 병이 깊어져 말을 못 하는 지경에 이르렀다. 훗날 태종이 즉위하자, 마음을 다해 전 왕조를 섬긴 지조가 뛰어나다고 하여 정몽주에게 문충(文忠)이라는 시호를 내렸다.

鄭夢周迎日人, 爲高麗門下侍中. 初崔瑩勸辛禑, 興師功遼, 我太祖擧義回軍, 復立王氏. 趙浚鄭道傳南誾等, 知天命人心所在, 欲推戴太祖. 洪武壬申三月, 太祖墮馬, 夢周忌浚道傳誾等, 同心輔翼, 令臺諫劾流之. 遣金龜聯李蟠, 就貶所將殺之. 義安大君和興安君李濟等, 白太祖曰, "勢已急矣. 將若何." 太祖曰, "死生有命. 但當順受而已." 和濟謂麾下士趙英珪曰, "李氏之有功王室, 人皆知之. 今爲人所陷, 後世誰知. 麾下士其無効力者乎." 英珪曰, "敢不從命." 英珪等要於路, 擊殺夢周. 太祖大怒, 因病篤, 至不能言. 太宗卽位, 以專心所事, 不貳其操, 贈諡文忠.

❋

정몽주(鄭夢周, 1337~1392)의 호는 포은(圃隱)이고 본관은 영일이며 영천에서 태어났다. 본문과 같은 내용이 『태조실록』에 실려 있는데, 정몽주가 조준 등을 처형하려고 하자 이방원이 그를 죽였다고 한다. 세종 13년(1431)에는 왕의 명으로 '죽기까지 절개를 지켜 변치 않은' 정몽주와 길재를 「충신도」에 넣으면서 그림도 그려 넣게 했다. 중종 12년(1517)에는 정몽주를 문묘에 종사(從祀)했다. 고려를 끝까지 지키려고 하며 조선의 건국에 비협조적이었던 정몽주가 조선의 충신이 될 자격이 있는지 의문스럽다. 하지만 자신이 섬기던 군주에게 절의를 다한 그의 정신은 충신의 모델이 되기에 충분했고, 이후 조선왕조에 충성을 맹세할 제이 제삼의 정몽주가 나와주기를 바라는 기대였다.

권근은 태종 1년(1400)에 상소하여 국가를 소유한 자는 절의를 숭상

함으로써 더욱 견고해질 수 있다고 하고 고려를 위해 죽은 정몽주를 추증해야 한다고 주장했다. 정몽주를 추증해야 할 근거로 한통(韓通)은 후주(後周)를 위해 죽었지만 송태조(宋太祖)가 추증했고, 문천상(文天祥)은 송(宋)을 위해 죽었지만 원세조(元世祖)가 추증한 예를 들었다.

조선 유학에서 정몽주는 동방의 도학을 연 인물로 담론화되었다.

16

길재가 절조로 항거하다
吉再抗節

길재(吉再)는 해평(海平, 구미 지역의 옛 지명) 사람이다. 고려에서 벼슬하다가 홍무 기사년(己巳年, 1389)에 벼슬을 버리고 집으로 돌아갔다. 그뒤에 경진년(庚辰年, 1400)에 태종(太宗)이 동궁(東宮)으로 있을 때 길재를 불러들였다. 길재가 이르자 동궁은 정종(定宗)에게 부탁하여 그를 봉상박사(奉常博士)에 앉히도록 했다. 하지만 길재는 동궁에게 벼슬을 사양한다고 아뢰었다. 동궁이 훈계하여 말하기를, "그대의 말은 사실 강상(綱常)에 관계되오. 그대를 불러들인 사람은 나지만 그대에게 벼슬을 준 사람은 전하이니 마땅히 전하에게 사직해야 할 것이오"라고 했다. 이에 길재가 글을 올려 말하기를, "저는 신(辛)씨 조정에서 급제하여 문하주서(門下注書)를 지냈습니다. 신(臣)은 두 임금을 모실 수 없으니 저를 놓아주시어 시골로 돌아가 노모를 봉양하게 해주십시오. 이로써 신이 두 성(姓)을 섬기지 않는다는 뜻을 이루게 해주십시오"라고 했다.

다음 날 정종은 경연을 행하면서 지경연사(知經筵事) 권근(權近)에게 묻기를, "길재가 절조를 지켜 굽히지 않고 벼슬을 거부하는데, 옛사람들은 어떻게 처리했는지 알 수가 없소?"라고 했다. 권근이 대답하기를, "엄광(嚴光)이 굽히지 않자 광무[光武, 후한의 초대 황제 유수(劉秀)를 가리킴]는 그를 인정해주었습니다. 길재가 떠나기를 원한다면 벼슬을 시키는 것만 못하지만 스스로 그 마음을 다하게 하는 것이 낫습니다"라고 했다. 이에 귀향을 허락하자 집으로 돌아갔다.

세종이 즉위하자 태종의 명을 이어 길재의 아들을 벼슬시키고, 세종 8년 병오년(1426)에 길재를 좌사간대부(左司諫大夫)에 추증했다.

吉再海平人. 仕高麗, 洪武己巳棄官歸家. 至庚辰太宗在東宮, 召之. 再至, 啓于定宗授奉常博士. 再啓東宮辭職. 太宗教曰, "子之所言, 實關綱常. 但召之者吾, 而官之者殿下也, 宜辭於殿下." 乃乃上書曰, "再擢第辛朝, 爲門下注書. 臣無二主, 乞放歸田里終養老母, 以邃臣不事二姓之志." 明日定宗御經筵, 問知經筵事權近曰, "吉再抗節不仕, 未審古人何以處之." 近對曰, "嚴光不屈, 光武從之. 再若求去, 不如使之, 自盡其心之爲愈也." 乃許歸, 仍復其家. 世宗卽位, 承太宗命, 官其子. 八年丙午贈左司諫大夫.

❀

본문과 같은 길재(吉再, 1353~1419)의 사적은 정종 2년(1400) 7월 2일의 실록 기사에 실려 있다. 길재의 스승인 권근(1352~1409)은 일찍이 그를 평가하기를, "고려 500년에 교화를 배양하여 선비의 기풍을 격려한 효과가 선생의 한 몸에서 얻어졌고, 조선 억만년에 강상(綱常)을 부식하여 신하 된 절개를 밝히는 근본이 선생의 한 몸에서 터를 닦았다"고 했다. 제자이지만 '선생'의 호칭을 쓴 것에서도 엿볼 수 있듯이 길재의 인물됨이 범상치 않았음을 알 수 있다.

단종 3년(1455)에는 의정부의 건의로 길재의 딸이 열녀로 정려되었다. 그녀가 젊은 나이에 자식 없이 죽은 남편을 대신하여 시부모 섬기기를 한결같이 했고, 상제례를 불교식이 아닌 『주자가례』에 따라 했다는 것이다.

조선에서 길재는 정몽주와 함께 고려 500년을 대표하는 절의지사로 담론화되었다. 절의를 숭상한 그의 학통은 김숙자(金叔滋), 김종직(金宗直), 김굉필(金宏弼), 정여창(鄭汝昌), 조광조(趙光祖)로 이어지며 조선의 절의사상을 주도했다. 저서로『야은집』등이 있다.

17

김원계가 적진으로 뛰어들다
原桂陷陣

김원계(金原桂)는 이성[泥城, 평북 창성군(昌城郡) 소재]의 만호(萬戶)다. 홍무(洪武, 명나라 태조의 연호, 1368~1398) 정축년(丁丑年, 1397) 5월에 왜적이 선주(宣州)에 침입해 왔다. 김원계가 군사를 이끌고 가서 막아내니 왜적이 패하여 포위망을 풀고 달아났다. 원계는 이 기세를 타고 적을 쫓아 적진으로 돌입해 갔다가 적에게 죽임을 당했다. 그해 6월에 간관(諫官)이 상언(上言)하였다. "원계는 본래 용맹한 재주가 있는 장수로 우리 군사를 이끌고 거의 함락에 처한 성(城)을 구하고, 도망하는 적을 쫓다가 적진에 빠져 맞붙었으나 화살이 다하고 힘이 떨어져 마침내 더 이상 힘을 떨치지 못했습니다. 하지만 자신의 죽음을 만민의 생명과 바꾸었으니 그 공이 혁혁하고 죽어서도 없어지지 않을 것입니다. 해당 관청으로 하여금 관작을 추증하고 그가 죽은 곳에 사당을 세우며, 자손에게 벼슬을 주어 충혼(忠魂)을 위로하소서." 임금이 그대로 따랐다.

金原桂爲泥城萬戶. 洪武丁丑五月, 倭賊寇宣州. 率兵赴援, 倭賊戰敗解圍去. 原桂乘勝逐之突入虜中, 遂爲賊所害. 六月諫官上言. "原桂素有驍勇之才, 提孤軍解重圍全城於幾陷. 追亡逐北突衝陷陳, 矢盡力窮竟以不振. 以一身之死, 易萬民之命, 其功烈烈死且不朽. 乞令攸司贈官, 且於本處立祠, 敍錄子孫獎慰忠魂敎." 可.

�֎

김원계(金原桂)에 관한 기록은 태조 6년(1397)의 실록 기사에 나오는데 왜적에 포위된 선주성을 구원하다가 전사했다는 내용이다. 중종 13년(1518)에는 김원계의 사당을 세워 관할 수령에게 봄가을로 제사를 드리게 하자는 논의가 나온다. 그의 행위가 세상 사람들을 흥기시키게 되어 치도(治道)에도 도움이 될 것이라는 판단에서였다.

	제목	나라	내용	비고
1	龍逢諫死	夏	하나라 마지막 왕 걸(桀)에게 간언함	최초의 충신
2	欒成鬭死	晉(春秋)	기원전 709년 진(晉) 무공의 쿠데타에 살해된 옛 군주에게 변함없는 충심을 다함	군사부일체(君師父一體) 담론의 기원
3	石碏純臣	衛(春秋)	부친을 죽이고 왕이 된 주우와 그를 도운 자신의 아들을 함께 처단한 석작(石碏)의 고사	대의멸친(大義滅親)의 사례
4	王蠋絶脰	齊(戰國)	충신은 두 임금을 섬기지 않고 열녀는 두 남편을 얻지 않는다는 유명한 말을 남김	충신불사이군(忠臣不事二君)
5	紀信誑楚	漢	죽음으로써 충을 다한 유형으로 기신(紀信)의 충절은 이후 중요한 논제가 됨	기신론(紀信論)
6	蘇武杖節	漢	흉노에 사신으로 갔다가 구류, 온갖 회유에도 한의 신하로서 의리를 지킴	홍안전서(鴻雁傳書)
7	朱雲折檻	漢	군주의 실정을 지적하며 간언하다 죽임을 당함	용방과 비간의 부류
8	龔勝推印	漢	왕망이 한 왕조를 찬탈하여 공승(龔勝)을 초빙하자 두 임금을 섬길 수 없다며 굶어서 죽음	불사이군(不事二君)의 실천
9	李業授命	漢	왕망이 한 왕조를 찬탈하자 벼슬을 버렸고 뒤이어 공손술이 높은 벼슬로 회유했으나 듣지 않음	불사이군의 실천
10	嵇紹衛帝	晉	반역으로 밀려난 황제를 죽음으로 지켜낸 혜소(嵇紹)의 충절	불사이군의 실천
11	卞門忠孝	晉	소준(蘇峻)의 반란에 맞서 아픈 몸으로 싸우다 죽은 변호(卞壺)와 그 아들들의 충절	부위충신 자위효자(父爲忠臣子爲孝子)
12	桓彝致死	晉	소준의 반란에 대항하여 죽으면서 신하로서 환공을 지킴	소준의 난
13	顔袁罵賊	唐	안고경(顔杲卿)과 원리겸(袁履謙)이 반란을 일으킨 안녹산을 꾸짖다 죽임을 당함	안녹산의 난
14	張許死守	唐	장순(張巡)과 허원(許遠)이 안녹산의 난에 대항하여 죽음으로 성을 지킴	안녹산의 난
15	張興鋸死	唐	안녹산의 난을 맞아 톱으로 죽임을 당하면서 저항한 장흥(張興)의 충절 고사	안녹산의 난
16	秀實奪笏	唐	당나라 덕종 때 일어난 주차(朱泚)의 난을 배경으로 한 단수실(段秀實) 충절 고사	주차의 난
17	演芬快死	唐	당나라 덕종 때 주차와 화친하며 황제를 배신한 양부(養父)를 밀고하다 죽임당함	주차의 난
18	若水效死	宋	희종과 흠종이 금나라에 포로로 잡혀 핍박받는 황제를 감싸고 금의 회유를 거절함	정강의 변

19	劉韐捐生	宋	금에 사신 갔다가 눌러살며 부귀를 누리라는 회유를 거절하고 자결함	북송 멸망
20	傅察植立	宋	금에 사신 갔다가 적장에게 절을 거부하여 죽임을 당함	북송 멸망
21	邦乂書襟	宋	송이 금에 투항하자 홀로 항복하지 않고 두 나라를 섬길 수 없다는 혈서를 씀	북송 멸망
22	岳飛涅背	宋	송의 명장으로 여진족의 금의 침입에 맞서 나라를 지킴. 충(忠)의 대명사	진충보국(盡忠報國)
23	尹穀赴池	宋	원의 침입으로 성이 함락되자 황제에 대한 의리를 지켜 죽음을 택함	남송 멸망
24	天祥不屈	宋	원의 침입에 대적하여 싸우다 죽은 송의 마지막 장수 문천상(文天祥)의 고사	송원 교체기
25	枋得不食	宋	원의 침입으로 송이 망할 때 끝까지 송의 신하로 신의를 지키다 굶어 죽음	송원 교체기
26	和尙嘔血	金	몽고군과 맞서 싸우다 죽음을 택한 금의 왕족 완안진화상(完顔陳和尙)의 충렬	금원 교체기
27	絳山葬君	金	왕궁의 함락으로 자결한 황제의 시신을 죽기를 각오하고 수습한 강산(絳山)의 고사	금원 교체기
28	蝦蟆自焚	金	몽고군의 공격에 맞서 맹렬히 싸우다 장렬히 죽은 곽하마(郭蝦蟆)의 고사	금원 교체기
29	普顔全忠	元	몽고인 보안불화(普顔不花)가 명의 침입에 끝까지 투항하지 않고 원에 충성을 다함	원명 교체기
30	堤上忠烈	新羅	일본에 볼모로 간 눌지왕의 아우 미사흔을 귀국시키고 자신은 죽임을 당함	신라와 일본
31	丕寧突陣	新羅	백제와의 전투에서 죽기를 각오한 용기를 보인 신라 군인 비녕자(丕寧子)의 충절 고사	신라와 백제
32	鄭李上疏	高麗	고려 말 신돈의 국정 전횡을 비판하며 상소한 정추(鄭樞)와 이존오(李存吾)의 고사	충간
33	夢周殞命	高麗	고려 왕조를 지키고자 한 의리 때문에 혁명 세력에 의해 죽음을 다함	고려·조선의 교체
34	吉再抗節	高麗	고려의 신하로 역성혁명에 반대하며 절조를 지켜 은둔의 길을 택함	고려·조선의 교체
35	原桂陷陣	朝鮮	왜적의 침입을 당해 힘껏 싸워 적을 격퇴했고, 적진에 돌진하다가 죽음	왜적에 대항

3부

열녀도

열행(烈行)은 여자에게 주어진 덕목으로 남편에 대한 아내의 도리로 이해되곤 했다. 즉 평소에는 정숙하다가 위기를 만나면 굳세고 강한 결단을 요구하는 것이다. 주로 남편과 관련되거나 남편의 아내 된 자격과 관련된 것이다. 『삼강행실도』 제작자들은 열녀의 이미지를 이렇게 설명한다.

　여자는 반드시 정숙해야 하는 것이니 그 행실은 굳어야 합니다. 부모도 그의 뜻을 꺾을 수 없는 것이니, 밝은 태양이 위에서 비치는데 칼과 톱이 어찌 감히 그의 마음을 꺾겠습니까. 늠름하여 얼음과 서리처럼 희고 깨끗함이 대장부로서도 쉽지 않은 일을 열부(烈婦)가 한 것은 자못 많습니다(「삼강행실도 서문」).

『삼강행실도』「열녀도」에 실린 열행을 보면 개가 권유를 뿌리치기 위해 자신의 코를 베거나 물에 뛰어들어 죽거나, 호랑이를 맨손으로 잡거나, 죽음을 아랑곳하지 않고 자기희생을 마다하지 않은 과격한 여성 행위자들이 줄을 지어 등장한다.「열녀도(烈女圖)」의 주요 인물들은 기원전 1세기에 나온 유향의『열녀전(列女傳)』에 나온 여자들이다. 그런데『열녀전』의 '열녀(列女)'는 줄지어 있듯 '많은 여성'이라는 뜻이다. 다시 말해 정절을 위해 목숨을 걸거나 자기희생을 통해 위기를 해결하는 유형의 그 열녀(烈女)와는 뜻이 다르다. 다만 많은 여성, 열녀(列女) 중에는 정절을 위해 목숨을 건 열녀(烈女)도 있다. 다양한 조건 위에서 다양한 형태의 삶을 산 여성들의 계보가『삼강행실도』에서는 정절이나 순결, 자기희생이나 개가 거부 등 강한 이념으로 무장된 여성으로 좁혀졌다. 유향의『열녀전』에서 열녀(烈女)의 유형에 가까운 여성들이『삼강행실도』에 재수록된 것이다.

오륜의 각 행위자들은 사실상 성별로 나뉜다. 당연한 말이지만 열녀는 여자만 될 수 있다. 효행은 남녀 구분이 없지만 대부분이 효자에 대한 담론이고, 충의 실천 또한 남녀 구분이 없지만 모두 남자에게 돌아갔다. 게다가 형제 및 종족 사이의 우애나 붕우 및 사제 사이의 의리는 전통사회 여성들에게는 아예 무관한 덕목이다. 그러고 보면 여성으로서 도덕적 행위자로 드러날 수 있는 것은 거의 열행(烈行)이라고 할 수 있다.

『오륜행실도』에 실린 열녀는 모두 35인으로 중종대『삼강행실도』를 그대로 수록했다. 35인 가운데 중국 여성이 29인이고 한국 여성이 6인이다. 이 책은 그 절반에 해당하는 17명으로 가려 뽑았는데, 중국 사람은 15명, 한국 사람이 2명이다. 기원전 1세기에 제작된 유향의 『열녀전』에서 6편을 선택했다. 조선 전역에 유교적 강상윤리를 유포하기 위해 제작한 『삼강행실도』의 취지에 따라 순종하면서 강인한 여성들이 선호된 것이다. 또 『열녀전』이 인물 중심으로 표제를 뽑았다면 『삼강행실도』 및 『오륜행실도』에서는 행위를 표제에 넣었다. 예컨대 『열녀전』에서 '송나라 공공의 부인 백희(宋恭伯姬)'라는 제목이 『오륜행실도』에서는 '백희가 화재를 맞다(伯姬逮火)'라는 제목으로 바뀐다. 『열녀전』의 '송나라 포소의 여종(宋鮑女宗)'은 '여종이 예를 알다(女宗知禮)'로, '제나라 기량의 처(齊杞梁妻)'는 '기량식의 처가 남편을 곡하다(殖妻哭夫)' 등으로 바뀐다. 『삼강행실도』에서 『오륜행실도』로 이어지면서 「열녀도」의 여성들은 조선사회의 여성 이념을 생산하고 유포하는 데 활용되었다.

01

백희가 화재를 맞다

伯姬逮火

백희(伯姬)는 노(魯)나라 선공(宣公)의 딸로 송(宋)나라 공공(恭公)에게 시집을 갔다. 공공이 죽고 어느 날 밤 궁에 불이 났다. 모시던 사람들이 말하기를, "부인! 잠시 불을 피하십시오"라고 했다. 백희가 말하기를, "부인의 도리에는 보모(保母)와 부모(傅母, 고대 중국 귀족 여성을 기르고 가르치는 역할을 맡은 여성)가 없이는 밤에 당을 내려갈 수 없소. 보모와 부모가 올 때까지 기다리겠소"라고 했다. 잠시 후 보모는 도착했으나 부모가 아직 도착하지 못했다. 다시 좌우의 사람들이 말하기를, "부인, 잠깐 불을 피하십시오"라고 했다. 하지만 백희는 "부인은 부모(傅母)를 대동하지 않으면 밤에 당을 내려갈 수 없는 법이오. 도리를 벗어나면서까지 사는 것은 도리를 지키다가 죽는 것만 못하오"라고 하고, 결국 불에 타 숨졌다.

伯姬魯宣公之女, 嫁於宋恭公. 公卒. 嘗遇夜失火. 左右曰, "夫人少避火." 伯姬曰, "婦人之義, 保傅不俱, 夜不下堂. 待保傅來也." 保母至矣, 傅母未至也. 左右又曰, "夫人少避火." 伯姬曰, "婦人至義, 傅母不至, 夜不可下堂. 越義而生, 不如守義而死." 遂逮於火而死.

❀

어떤 위기를 당해도 부인의 예를 엄격하게 고수한 유형의 인물로 이후의 역사에서 지속적으로 회자되었다. 송나라 궁궐에 화재가 난 것은 기원전 543년 5월의 일이다. 『춘추좌전』에 근거한 『열녀전』은 백희가 부인의 도를 성실히 수행한 것을 부각시키고 화재 소식을 들은 당시 제후들의 동태를 소개하였다. 제후들은 모두 백희를 애도하며 '죽은 자를 살릴 수는 없지만, 손상된 재물은 원래대로 회복시킬 수 있다'고 하여, 단연(澶淵)에 모여 송나라가 당한 화재의 손실을 복구하기 위해 모금을 했다. 백희의 고사는 유향의 『열녀전』의 「송공백희(宋恭伯姬)」에 나온다.

백희의 행위에 대한 이후의 평가는 양극단으로 갈리기까지 했다. 『춘추』에서 "송나라에 화재가 생겨 송나라 백희가 졸하였다"라고 특별히 기록한 것은 그녀의 정절을 높이 평가한 것이라며 부인으로서 백이(伯夷)라 할 만하다고도 했다. 반면 당나라의 육순(陸淳)은 "백희의 행동은 계승하거나 후세에 전할 만한 도가 아니다"라며 비판적 입장을 취했다. 또 연산군은 '백희의 망령된 절개를 기롱한다(譏伯姬妄節)'는 제목을 내걸고 승정원에 명하여 시를 짓게 하여[『연산군』 11년(1505) 5월 25일] 우스갯거리로 만들어버린다.

여종이 예를 알다

女宗知禮

여종(女宗)은 송(宋)나라 포소(鮑蘇)의 처다. 포소가 벼슬살이로 위나라로 간 지 3년이 되었는데, 거기서 다른 처를 얻어 살았다. 하지만 여종은 시어머니를 더욱 공경스럽게 모셨다. 포소를 만나고 온 사람에게 남편의 안부를 물으니, 포소가 새로 맞이한 처에게 재물을 다 써가면서 아주 잘해준다는 것이었다. 여종의 동서가 말하기를 "이 집을 떠나는 것이 좋겠다"고 했다. 이에 여종이 그 까닭을 물었다. 동서는 "남편에게 좋아하는 사람이 생겼다는데 당신이 여기 머물 이유가 무엇인가?"라고 했다.

여종이 말하기를, "아내 된 자는 한번 혼례를 올렸으면 바꿀 수 없는 것입니다. 남편이 죽더라도 개가할 수 없는 것이지요. 변함없이 삼과 모시풀로 실을 뽑아 천을 짜고 옷을 만들어 의복을 제공해야 합니다. 맑은 술을 담고 음식을 올려 시부모를 섬기는 것입니다. 오로지 한마음으로 정결히 하고 잘 따르며 순종하는 것입니다. 어찌 남편의 사랑을 다 차지하는 것만을 좋게 여기겠습니까? 또 부인 된 자에게는 쫓겨날 수 있는 일곱 가지의 이유가 있습니다. 그 가운데 하나라도 의(義)를 벗어난 것은 없습니다. 일곱 가지 쫓겨날 수 있는 것에는 질투가 제일 큽니다. 음벽, 도적질, 말이 많은 것, 교만함, 자식을 못 낳는 것, 나쁜 병이 있는 것은 모두 질투보다 죄가 작습니다. 우리 동서께서는 내게 아내된 자의 예를 가르쳐주지 않고 도리어 나를 버림받게 하는군요. 어찌 그럴 수 있습니까?" 그리고 시어머니를 더욱 열심히 모셨다. 송공(宋公)이 이 소문을 듣고 그 마을에 표지를 세우고, 그녀를 여자 가운데 으뜸이라는 뜻으로 여종(女宗)이라 하였다.

女宗鮑蘇之妻. 蘇仕衛三年而娶外妻. 女宗養姑愈敬. 因往來者, 請問其夫, 賂遺外妻甚厚. 女宗姒謂曰, "可以去矣." 女宗曰, "何故?" 姒曰, "夫人旣有所好, 子何留乎." 女宗曰, "婦人一醮不改. 夫死不嫁. 執麻枲, 治絲繭, 織紝組紃, 以供衣服, 澈莫酒醴, 羞饋食, 以事舅姑. 以專一爲貞, 以善從爲順. 豈以專夫室之愛爲善哉. 且婦人有七見去. 夫無一去義. 七去之道, 妬正爲首. 淫僻竊盜長舌驕侮無子惡病皆在其後. 吾姒不敎以居室之禮, 而反欲使吾爲見棄之行. 將安所用." 事姑愈謹. 宋公聞之, 表其閭. 號曰女宗.

❀

여종의 고사는 질투하지 않은 여성 모델로 열녀담론에서 자주 인용되었다. 첩 등 남편의 여자에 대한 질투는 칠거지악의 하나다. '여자의 혼인은 한 번에 그친다'는 개가불가(改嫁不可)의 원칙을 여성 자신의 입을 통해 주장하고 있다는 점에서 여종은 '교사'의 역할을 하고 있다. '으뜸 여자'라는 뜻의 여종을 이름으로 내린 뜻이 여기에 있다. 여종의 고사는 『열녀전』「현명전」에 수록되어 있는데, 제목은 '송포여종(宋鮑女宗)'이다.

03

기량식의 처가 남편을 곡하다
殖妻哭夫

제(齊)나라 장공(莊公)이 거(莒)를 습격하였는데, 기량식(杞梁殖)이 이 전쟁에서 전사했다. 장공이 전장에서 돌아오는 길에 기량의 처를 만나자 사람을 시켜 길에서 그녀를 조문하도록 했다. 이에 기량의 처가 말했다. "지금 제 남편 식에게 죄가 있다면 임금께서 어찌 수고롭게 조문을 하도록 명을 내리십니까? 또 만약 제 남편에게 죄가 없다면 저는 조상이 살았던 저희 집으로 돌아가 있겠습니다. 저는 길에서 조문을 받을 수 없습니다." 그러자 장공은 수레를 돌려 그 집으로 가서 예를 갖추어 조문을 한 후 돌아갔다.

기량의 처에게는 자식이 없었고, 시댁과 친정에 오복(五服)을 입을 친척 하나 없어 의지할 곳이 없었다. 이에 남편의 시신을 성(城)의 아래에 뉘고 곡을 했다. 마음으로 정성을 다하여 사람들을 움직였는데, 길을 지나가던 자들 중에 눈물을 흘리지 않는 사람이 없었다.

남편의 장사를 마치자 그녀가 말했다. "나는 어디로 돌아갈 것인가. 여자에게는 반드시 의지할 곳이 있어야 하는데, 아버지가 계실 때는 아버지에게 의지하고, 남편이 있으면 남편에게 의지하며, 자식이 있으면 자식에게 의지해야 하는 것이다. 지금 나는 위로는 아버지가 없고 중간에는 남편이 없으며 아래로는 자식이 없다. 안으로 의지하여 내 정성을 보여줄 곳이 없고, 밖으로는 의지하여 나의 절의를 세울 데가 없다. 그렇다고 내가 어찌 다시 시집을 가겠는가? 역시 죽음뿐이구나!" 마침내 치수(淄水)로 달려가 몸을 던져 죽었다.

齊莊公襲莒, 杞梁殖戰而死. 莊公歸, 遇其妻. 使使者吊之於路. 杞梁妻曰,

"今殖有罪, 君何辱命焉. 若今殖免於罪, 則賤妾有先人之敝廬在. 下妾不得與
郊弔." 於是莊公乃還車詣其室, 成禮然後去. 杞梁之妻無子, 內外皆無五屬之
親, 旣無所歸. 乃枕其夫之屍於城下而哭. 內誠動人, 道路過者莫不爲之揮涕.
旣葬曰, "吾何歸矣. 夫歸人必有所倚者, 父在則倚父, 夫在則倚夫, 子在則倚子.
今吾上則無父, 中則無夫, 下則無子. 內無所依以見吾誠, 外無所倚以見吾節.
吾豈能更二哉. 亦死而已." 遂赴淄水而死.

❋

　기량식의 처에 대한 고사는 남편을 애도하는 아내의 정성이 자연
을 감동시킨 사례로 자주 인용되었다. 『열녀전』「정순전」에는 '제기량처
(齊杞梁妻)'라는 제목으로 실렸다.

　기량(杞梁, ?~기원전 550)은 춘추시대 제나라의 대부로 이름은 식(殖)
이고 자는 양(梁)이다. 제나라가 거(莒)를 공략한 전쟁에서 순국했다. 기
량의 처는 이름이 알려지지 않았으나 이후 사람들이 기량과 그 아내의
고사를 만들면서 그녀의 이름을 맹강녀(孟姜女)라고 했다.

　기량의 처 고사는 크게 두 가지 의미를 가졌다. 하나는 남편의 죽음
을 극진히 애도한 정순한 아내의 정성에 관한 것이고 또 하나는 상장
례에서 조문의 예로 인용되는 것이다. 먼저 기량의 처는 열부를 기술할
때 자주 인용되는 사례 중의 하나로 조선 열부전의 단골 전거로 활용되
었다.

　또 '길에서 조문하지 말고 집에 와서 정식으로 조문해달라는 기량의

처가 제나라 장공(莊公)보다 더 예에 밝다'(『예기』 「단궁하」)는 것이다. 성호 이익은 기량의 처에 대해 증자(曾子)가 '예법을 안다'고 한 것을 인용했다(『성호전집』 권28 「답황득보(答黃得甫)」).

04

송나라 여자가 개가를 거부하다
宋女不改

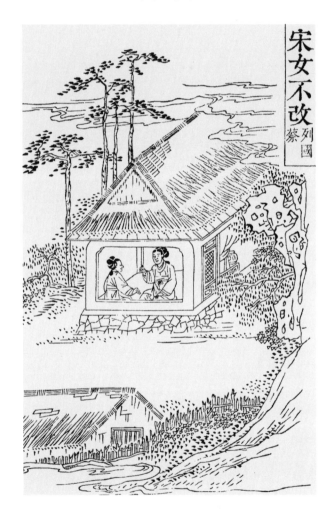

채(蔡)나라 사람의 아내는 송(宋)나라 사람의 딸이다. 시집을 갔더니 남편에게 나쁜 병이 있었다. 어머니가 다시 시집갈 것을 권하자 그녀가 말했다. "남편의 불행이 바로 저의 불행인데 어찌 떠날 수가 있겠습니까? 시집간 사람의 도리는 한번 부부로 맺었으면 종신토록 고칠 수 없는 것입니다. 불행하게 나쁜 병에 걸렸지만 그에게 아무런 잘못이 없고 또 저를 버리지 않는데, 어찌 그를 떠날 수 있습니까?" 그녀는 끝내 어머니의 말을 듣지 않았다.

蔡人妻宋人之女也. 既嫁於夫有惡疾. 其母將改嫁之 女曰, "夫之不幸乃妾之不幸也. 奈何去之. 適人之道, 一與之醮, 終身不改. 不幸遇惡疾, 彼無大故, 又不遣妾, 何以得去." 終不聽.

❋

혼인으로 맺어진 부부의 의리는 영원하다는 논리인데, 이것은 부부 모두가 아니라 아내에게만 적용되었다. 남편이 어떤 상황에 있든 아내는 남편을 저버릴 수 없다는 것으로, 여기서는 남편이 악질(惡疾)에 걸린 경우다. 반면 아내의 악질은 강제 이혼의 요건인 '일곱 가지의 죄(七去之惡)'의 하나다. 참고로 칠거지악은 불순부모(不順父母), 무자(無子), 음벽(淫僻), 질투(嫉妬), 악질(惡疾), 다구설(多口舌), 절도(竊盜)의 일곱 가지다. 『오륜행실도』는 『열녀전』 「정순」 '채인지처(蔡人之妻)'를 송녀가 개가를 거부한 행위를 부각시켜 '송녀불개(宋女不改)'로 제목을 잡았다.

05

고행이 코를 베다
高行割鼻

고행(高行)은 양(梁)나라의 어진 부인이다. 일찍 과부가 되었지만 개가하지 않았다. 양나라의 귀인들이 다투어 그녀에게 청혼했지만 뜻을 이루지 못했다. 양왕(梁王)이 이 소문을 듣고 재상을 보내 그녀를 모셔오도록 했다. 이에 고행이 말하기를, "저는 부인의 도리는 한번 시집가면 개가할 수 없고 정절과 신의를 보전해야 한다고 들었습니다. 죽은 사람을 잊고 산 사람을 따르는 것은 불신(不信)입니다. 귀한 것에 연연하여 과거의 천한 것을 잊는다면 이는 바로 부정(不貞)입니다. 의(義)를 버리고 이익을 따른다면 사람답다고 할 수 없습니다"라고 했다. 그리고 단도를 쥐고 거울 앞에 서서 자신의 코를 도려내고 말했다. "저는 이미 형벌을 받았습니다. 차마 죽지 못하는 것은 어리고 약한 아비 없는 자식을 다시 어미 없는 고아로 만들 수 없기 때문입니다. 왕께서 저를 원하는 것은 제 미모 때문입니다. 지금 코를 벤 형을 받아 불구가 된 사람이니 놓아주실 수 있겠지요?" 이에 재상이 왕에게 아뢰자 왕은 그녀의 뜻을 크게 여기고 그 행위를 높이 샀다. 마침내 그녀를 풀어주고 존칭하여 고행(高行)이라 불렀다.

高行梁之賢婦. 早寡不嫁. 梁貴人爭欲娶之不能得. 梁王聞之, 使相聘焉. 高行曰, "妾聞婦人之義, 一往而不改, 以全貞信之節. 忘死而趨生, 是不信也, 慕貴而忘賤, 是不貞也. 棄義而從利, 無以爲人." 乃援鏡持刀, 以割其鼻, 曰 "妾已刑矣. 所以不死者, 不忍幼弱之重孤也. 王之求妾者, 以其色也. 今刑餘之人, 殆可釋矣." 於是相以報, 王大其義, 高其行. 乃復其身, 尊其號曰高行.

부인의 개가(改嫁)를 정절의 프레임으로 보는 것은 유교사회의 보편적 여성관이다. 고행이라는 이름을 하사받은 이 여성은 개가의 문제를 부정(不貞), 불의(不義), 불신(不信)으로 이해하고 있다. 고행(高行)은 '높은 행실'이라는 뜻의 보통명사지만 사람의 이름이 된 것이다. 신체를 훼손하여 흉하게 만듦으로써 정절을 지키겠다는 것인데, 여성 섹슈얼리티를 부정함으로써 남성들의 개가 요구를 차단했다. 이러한 유형은 조선시대 열녀 담론에도 자주 등장한다. 고행의 서사가 『열녀전』에서는 '양나라 과부 고행(梁寡高行)'이었는데, 여기서는 '코를 벤' 그녀의 행위에 주목하여 제목을 뽑았다.

06

절녀가 남편 대신 죽다
節女代死

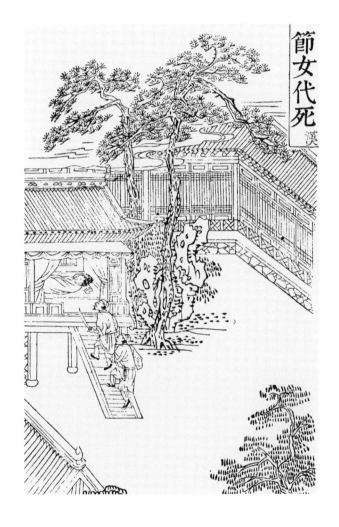

서울의 절녀(節女)는 장안(長安) 사람이다. 남편을 원수로 여기는 사람이 있었는데, 남편에게 복수하려 했지만 방법을 찾지 못하고 있었다. 그 처가 어질고 효성스러우며 의리가 있다는 소문을 듣고 그 처의 아버지를 협박하여 딸을 이용하여 중간에서 속이도록 했다. 아버지가 딸을 불러 이 사실을 알렸다. 딸이 생각하기에 그자의 말을 듣지 않았다가는 아버지를 죽이게 되어 불효를 저지르게 되고, 듣게 된다면 남편을 죽이게 되어 불의를 저지르는 것이다. 불효와 불의를 저지르고서는 비록 살아 있더라도 세상에 행세를 할 수 없는 것이다. 이에 스스로 이 모든 것을 감당하기로 하고 아버지의 뜻에 따르기로 했다.

딸이 말하기를, “내일 누각 위에 새로 머리를 감고 머리를 동쪽으로 두고 누워 있는 자가 제 남편일 것입니다. 제가 창문을 열고 기다리도록 하겠습니다”라고 했다. 그리고 집으로 돌아와 남편에게 이 사실을 알리고 다른 곳에 누워 있게 하였다. 자신이 머리를 감고 누각에서 머리를 동쪽으로 두었는데, 문을 열어놓고 누웠다. 밤이 깊어지자 과연 그 원수가 왔다. 그리고 칼로 목을 베어갔다. 그런데 날이 밝아 보니 베어간 것은 원수의 머리가 아니라 그 처의 머리였다. 원수 진 사람은 몹시 원통해하였지만 그 처가 의리가 있다고 여겨 마침내 그 남편을 풀어주어 죽이지 않았다.

京師節女, 長安人. 其夫有仇人, 欲報其夫而無道. 聞其妻之仁孝有義, 乃劫其妻之父, 使要其女爲中譎. 父呼其女告之. 女念不聽則殺父不孝, 聽則殺夫不義. 不孝不義, 雖生不可以行於世. 欲以身當之, 乃且許諾. 曰, “朝日在樓上,新沐東首臥則是矣. 妾請開戶待之." 還家乃告其夫使臥他所. 自沐居樓上東首.
開戶而臥. 夜半仇家果至. 斷頭持去. 明而視之. 乃其妻之頭也. 仇人痛之. 以爲
有義. 遂釋不殺其夫.

❋

유교사회에서 가족은 나를 있게 한 근원이자 내 존재의 의미다. 따라
서 가족을 부정하거나 가족을 버린 자리에 서 있을 나는 없다. 유교 가
부장적 가족 구조에서 여자는 두 가지 가족 상황에 놓이게 된다. 이른바
친정의 가족과 시가의 가족이다. 친정과 시가의 이해(利害)가 일치하는
경우도 있지만 상반될 경우도 있다. 여기에 나온 절녀(節女)는 아버지와
남편 두 사람 가운데 하나를 선택해야 할 상황이다. 이 상황에서 여자
는 효(孝)를 지킬 것인가 의(義)를 따를 것인가를 고민한다. 불효(不孝)와
불의(不義) 사이에서 고민하던 그녀가 결국 죽음을 택함으로써 불효와
불의의 죄로부터 벗어난다는 설정이다. 다시 말해 '살신성인(殺身成仁)'
의 여성적 실천이라 할 것이다. 여자의 죽음으로 두 남자, 아버지와 남
편은 목숨을 건지게 된 것이다. 같은 내용이지만 『열녀전』에서는 경사
절녀(京師節女) 즉 '서울 사는 절의녀'였다면 『오륜행실도』에서는 절녀의
행위를 제목에 포함시켜 '절녀대사(節女代死)' 즉 '절녀가 남편 대신 죽다'
로 잡았다.

07

목강이 전처 자식들을 돌보다
穆姜撫子

진문구(陳文矩)의 처는 자(字)가 목강(穆姜)이다. 아들 둘을 낳았는데, 전처가 낳은 네 아들이 있었다. 문구는 안중(安衆)의 수령이었는데, 임소(任所)에서 죽었다. 전처의 네 아들은 목강을 자신들을 낳은 어머니가 아니라고 미워하고 헐뜯기를 날로 심하게 했다. 하지만 목강은 더욱 극진히 그들을 사랑했고, 음식과 옷을 자신이 낳은 아이보다 갑절로 제공했다. 전처소생 진흥(陳興)이 병이 나 위중했는데, 이 어머니가 약과 음식으로 보살피며 사랑을 듬뿍 베풀었다. 진흥이 병이 낫자 세 아우를 불러 말하기를, "계모께서 우리 형제를 깊이 사랑하시지만 그 길러주신 은혜를 알지 못했다. 어머니의 사랑이 매우 컸음에도 우리들은 너무 많은 죄악을 저질렀다"라고 했다. 마침내 세 아우를 데리고 남정(南鄭, 지금의 산시 지역) 옥(獄)으로 가서 어머니의 덕을 알리고 형벌을 받고자 했다. 고을에서는 이 사실을 군(郡)에 말하여 그 어머니의 훌륭함을 표창하고, 집안의 요역을 없애주었다. 그리고 네 아들을 돌려보내니 갈고 닦고 이끌고 가르치기를 더욱 열심히 하여 모두 어진 선비가 되었다.

陳文矩妻字穆姜. 有二男而前妻四子. 文矩爲安衆令, 喪於官. 四子以母非所生憎毁日積. 而穆姜撫字益隆, 衣食資供皆兼倍所生. 前妻子興遇疾困篤, 母親調藥膳, 恩情篤密. 興疾瘳, 呼三弟謂曰, "繼母慈仁吾兄弟, 不識恩養. 雖母道益隆, 我曹過惡深矣." 遂將三弟詣南鄭獄, 陳母德狀, 已過乞就刑辟. 縣言之於郡, 表異其母, 鐲除家徭, 遣散四子, 許以修革, 自後訓導愈明, 並爲良士.

계모와 전처 자식들 간의 갈등은 전통적인 가족 구조에서는 매우 일
상화된 주제다. 이와 유사한 내용이 『열녀전』「위망자모(衛芒慈母)」에도
나온다. 진문규 처에 대한 사적은 『후한서』「열녀전(列女傳)」 '진문구처
(陳文矩妻)'에 나온다. 그런데 목강을 정지(程㨾)의 아내라고도 하고(『화
양국지(華陽國誌)』「선현사녀총찬(先賢士女總讚)」), 정문구(程文矩)의 아내(『규범
(閨範)』)라고도 하는데, 모두 같은 내용이다.

08

정의가 목을 찔러 죽다
貞義刎死

악양자(樂羊子)의 처는 성씨가 무엇인지 모른다. 양자가 길에서 금 한 덩이를 주워 처에게 주었다. 처가 말하기를, "제가 듣기로 뜻있는 선비는 이름이 도천(盜泉)인 샘물은 마시지 않고, 청렴한 사람은 푸대접하는 음식을 먹지 않는다 했습니다. 하물며 길에 떨어진 것을 주워 챙김으로써 행동을 더럽힐 수 있는지요?"라고 했다. 이에 양자가 몹시 부끄러워하며 금을 들에 갖다 버리고 스승을 찾아 멀리 떠나 배운 지 7년이 되도록 돌아오지 않았다.

그의 처는 시어머니를 늘 지성으로 봉양했고, 또 멀리 가 있는 양자에게 음식을 보냈다. 한번은 이웃의 닭이 잘못하여 집 안으로 들어왔는데, 시어머니가 몰래 잡아서 먹으려 했다. 양자의 처가 닭을 요리하지 않고 울자 시어머니가 이상하게 여겨 그 까닭을 물었다. 양자의 처가 말하기를, "집이 가난한 것도 속상한데, 다른 집의 고기를 드시게 해서입니다"라고 했다. 시어머니는 결국 닭 잡아먹는 것을 포기했다. 그후에 처를 범하려는 도적이 있었는데, 먼저 그 시어머니를 협박하자 양자의 처가 듣고 칼을 쥐고 나갔다. 도적이 말하기를, "칼을 내려놓아라! 내 말을 들으면 온전할 것이고 나를 따르지 않으면 너의 시어머니를 죽일 것이다"라고 했다. 처가 하늘을 우러러 탄식하며 칼로 목을 찔러 스스로 죽자 도적은 시어머니를 살려주었다. 고을 태수가 이 사건을 듣고 도적을 사로잡았다. 그리고 양자의 처 상례에 쓸 비단을 내리고 '정의 (貞義)'라는 이름을 하사했다.

樂羊子妻, 不知何氏女. 羊子嘗行路得遺金一餠, 還以與妻. 妻曰, "妾聞,

志士不飮盜泉之水, 廉者不受嗟來之食. 況拾遺求利, 以汙其行乎." 羊子大慙,

乃捐金於野, 而遠尋師學七年不返. 妻常躬勤養姑, 又遠饋羊子. 嘗有他舍雞謬

入園中, 姑盜殺而食之. 妻對雞不餐而泣, 姑怪問其故. 妻曰, "自傷居貧, 使食

有他肉." 姑竟棄. 之後盜有欲犯妻者, 乃先劫其姑. 妻聞操刀而出. 盜曰, "釋汝

刀. 從我可全. 不從我則殺汝姑." 妻仰天而歎, 擧刀刎頭而死. 盜亦不殺其姑.

太守聞之, 捕殺盜, 而賜妻縑帛, 以禮葬之, 號曰, "貞義."

❀

　악양자 처의 고사는 옳지 않은 재물을 탐내지 않았다는 것과 도적으
로부터 정절을 지켰다는 의미에서 '열녀'에 수록되었다. 사실 재물을 탐
하지 않는 것만으로는 열녀의 조건을 충족할 수 없다. 그녀를 정의(貞義)
라고 부른 것은 정절과 의로움을 동시에 실천한 것을 의미한다. 악양자
의 아내에 대한 사적은 『후한서』 「열녀전」에 나온다.

원강이 남편 대신 형을 받다
媛姜解梏

성도(盛道)의 처 조(趙)씨의 자(字)는 원강(媛姜)이다. 건안(建安) 5년(200)에 익부(益部)에 난리가 나자 성도가 무리를 모아 무장 투쟁을 일으켰다. 일이 실패하자 부부가 사로잡혀 죽게 되었다. 원강이 밤에 성도에게 말하기를, "법이 정한 형벌이 있는데, 우리는 살아날 가망이 없습니다. 당신은 속히 도망쳐서 문호(門戶)를 보전하세요. 나는 옥에 남아 당신의 죄를 대신하겠어요"라고 했다. 성도가 머뭇거리며 따르지 않자 원강이 바로 성도의 형틀을 벗기고 양식을 마련했다. 아들 익(翔)은 다섯 살이었는데, 성도에게 아들을 데리고 달아나도록 했다. 원강은 성도를 대신하여 착오 없이 밤을 보냈다. 성도가 이미 멀리 갔다고 판단하자 관리에게 사실을 고하자 바로 죽임을 당했다. 대신에 성도 부자는 사면되어 집으로 돌아갔다. 성도는 아내의 의로움에 감동하여 종신토록 재혼하지 않았다.

盛道妻趙氏字媛姜. 建安五年, 益部亂, 道聚衆起兵, 事敗, 夫妻執繫當死. 媛姜夜中告道曰, "法有常刑, 必無生望. 君可速潛逃, 建立門戶. 妾自詣獄代君塞咎." 道依違未從, 媛姜便解道桎梏, 爲齎糧貨. 子翔年五歲, 使道攜持而走. 媛姜代道持夜, 應對不失. 度道已遠, 乃以實告吏, 應時見殺. 道父子會赦, 得歸. 道感其義, 終身不娶.

❀

조원강(趙媛姜)의 고사는 동한(東漢) 말 익주(益州)에서 발생한 난리를 배경으로 한다. 시가의 가문을 보전하기 위해 자신을 희생한 이야기의 출처는 『후한서』「열녀전」 '성도처(盛道妻)'이고, 여기서는 성도의 처 원강을 제목으로 올렸다.

10

영녀가 귀를 자르다
令女截耳

令女截耳 三國 魏

조상[曹爽, 조조(曹操)의 질손(姪孫)으로 위(魏)의 대신]의 사촌 아우 조문숙(曹文叔)은 처가 하후문녕(夏侯文寧)의 딸로 이름이 영녀(令女)다. 문숙이 일찍 죽었는데, 3년상을 마치자 스스로 생각하기를 나이가 젊은 데다 자식이 없어 친정에서 개가시킬까 두려웠다. 이에 머리칼을 잘라 개가할 뜻이 없음을 보였다. 그럼에도 친정에서 영녀를 개가시키고자 하자, 이제는 칼로 두 귀를 베고 그대로 조상의 집에 의지해 살았다. 그런데 조상의 집안이 형벌을 받아 조씨들이 모두 죽어버렸다. 영녀의 아버지는 딸이 젊은 데다 수절에 뜻을 둔 것이 불쌍하고 또 조씨 집안에 남아 있는 자가 없어 절개를 지키려는 뜻이 저지되기를 기대하며 사람을 시켜 넌지시 떠보게 했다. 이에 영녀가 울면서 말하기를, "저도 그렇게 생각했습니다"라고 하며 허락하여 자신을 믿도록 했다. 감시가 조금 느슨해지자 영녀는 가만히 침실로 들어가 칼로 코를 베고 이불을 뒤집어쓰고 누워 있었다. 어머니가 불러도 대답이 없자 이불을 들춰 보았더니 피가 흘러 침상에 가득했다. 온 집안이 놀라고 두려워하며 가서 보고 슬퍼하지 않는 이가 없었다.

어떤 이가 말하기를, "사람이 사는 것이 마치 가벼운 티끌이 약한 풀에 의지하는 형상인데 어찌 저다지 고통스러운가. 또 시집이 모두 망하여 없어졌는데, 누구를 위하려 하는가?"라고 했다. 영녀가 말하기를, "어진 자는 성하고 망하는 것으로 절개를 바꾸지 않고 의로운 자는 살고 죽는 것으로 마음을 바꾸지 않는다고 들었습니다. 조씨 집안이 성했을 때 오히려 몸을 마치도록 집안을 보전하고자 했는데, 하물며 지금 망했다고 어찌 차마 버리겠습니까. 금수의 행실을 제가 어찌 하겠습니까"

라고 했다.

曹爽從弟文叔妻, 夏侯文寧之女, 名令女. 文叔蚤死, 服闋自以年少無子, 恐家必嫁已, 乃斷髮爲信. 後家果欲嫁之令女, 復以刀截兩耳. 居止常依爽, 及爽被誅, 曹氏盡死. 文寧憐其少執義, 又曹氏無遺類, 冀其意阻, 乃微使人風之. 令女泣曰, "吾亦惟之." 許之是也, 家以爲信. 防之少懈, 令女竊入寢室, 以刀斷鼻, 蒙被而臥. 母呼不應, 發被視之, 血流滿床席. 擧家驚惶, 往視之莫不酸鼻. 或謂曰, "人生世間, 如輕塵棲弱草耳. 何辛苦乃爾. 且夫家夷滅已盡, 欲誰爲哉." 令女曰, "聞, 仁者不以盛衰改節, 義者不以存亡易心. 曹氏盛時, 尙欲保終, 況今衰亡, 何忍棄之. 禽獸之行, 吾豈爲乎."

❋

하후영녀(夏侯令女)의 고사는 개가를 거부하기 위해 신체를 훼손한 유형으로 앞서 나온 '고행이 코를 베다(高行割鼻)'와 유사하다. 강한 신념으로 개가를 거부한 영녀의 고사는 조선의 열녀전에 자주 인용되었다. 연산군 때는 개가금지의 법을 유지하기 위한 논리로 영녀의 고사를 인용하는데, "코를 베면서 개가를 거부한 영녀의 행위는 천년이 지난 지금까지 듣는 자들의 옷깃을 여미게 한다"는 것이다. 즉 영녀와 같은 굳은 의지만 있으면 과부의 수절은 어려운 일이 아니라고 한다(『연산군일기』 3년 12월 12일).

반면 박지원은 영녀가 귀를 자름으로써 그 마음을 맹세한 것은 어쩔 수 없는 위기 상황에서 나온 것이라고 보는데, 즉 일상적 규범으로 삼기에는 문제가 있다는 논조다(『연암집』 「김유인사장(金孺人事狀)」). 하후영녀의 고사는 『삼국지』 「위지(魏志)」 '조상열전(曹爽列傳)'에 나온다.

11

숙영이 머리칼을 자르다
淑英斷髮

이덕무(李德武)의 처 배(裵)씨는 자(字)가 숙영(淑英)이다. 안읍공(安邑公) 배구(裵矩)의 딸인데 효녀로 고을에 소문이 났다. 이덕무가 죄에 걸려 영남(嶺南)으로 귀양을 가게 되었는데, 숙영이 시집온 지 겨우 한 해가 지난 때였다. 숙영의 아버지 배구가 딸을 이혼시키려 하자 이덕무가 배씨에게 말하기를, "귀양을 가면 돌아올 리가 없고, 당신은 다른 사람과 재혼해 갈 것이니 이제 당신과 영원히 이별을 해야겠소"라고 했다. 배씨가 대답하기를, "남편은 하늘이라 했거늘 어찌 배반할 수 있겠소. 죽어도 다른 뜻이 없을 것이오"라고 했다. 자신의 귀를 베어 맹서코자 하자 보모가 하지 못하게 붙잡았다.

시집의 친척들에게 매번 초하루와 보름마다 예를 다해 문안하고, 평소에도 화장하거나 꾸미지를 않았다. 『열녀전』을 읽다가 개가하지 않은 것에 대한 기록이 나오면 말하기를, "두 집의 정원을 밟지 않는 것은 부인의 상도(常道)이거늘 어찌하여 특이한 일로 책에 실어놓았을까"라고 했다. 10년이 지나도 이덕무가 돌아오지 않자 배구는 딸을 개가시키기로 했다. 그러자 그의 딸 배씨가 머리를 잘라버리고 음식을 입에 대지 않자 아버지는 그 뜻을 빼앗을 수 없음을 알고 딸의 뜻을 따르기로 했다. 이덕무는 적소에서 주(朱)씨와 재혼을 했는데, 풀려나 돌아오게 되었다. 돌아오는 중에 숙영이 수절하고 있다는 소식을 듣고 후처를 돌려보내고 숙영과 처음처럼 부부로 살았다.

李德武妻裵氏字淑英. 安邑公矩之女, 以孝聞鄕黨. 德武在隋坐事, 徙嶺南時, 嫁方踰歲. 矩表離婚. 德武謂裵曰, "我方貶無還理, 君必儷他族. 于此長

182

訣矣." 答曰, "夫天也可背乎. 願死無他欲." 割耳誓, 保姆持不許. 夫姻婭歲時
朔望, 裹致禮惟謹, 居不御薰澤. 讀列女傳, 見述不更嫁者. 謂人曰, "不踐二庭,
婦人之常. 何異而載之書." 後十年德武未還, 矩決嫁之. 斷髮不食, 矩知不能
奪, 聽之. 德武更娶爾朱氏, 遇赦還. 中道聞其完節, 乃遣後妻, 爲夫婦如初.

　배숙영(裴淑英)의 고사는 개가 권유를 뿌리치기 위해 신체를 훼손한
유형으로 앞서 나온 고행(高行)과 영녀(令女)와 유사하다. 그녀에 대한 이
야기는 『신당서』 및 『구당서』의 「배숙영전(裴淑英傳)」과 『흠정속통지(欽定
續通志)』와 『고금열녀전(古今列女傳)』 등에 실려 있다.

12

이씨가 남편의 유해를 지고 돌아오다
李氏負骸

이(李)씨는 왕응(王凝)의 아내다. 왕응의 집은 청제(靑齊, 지금의 산둥성 소재)에 있었는데, 괵주(虢州)의 사호참군(司戶參軍)으로 벼슬하다가 임소에서 죽었다. 집안이 원래 가난하였고 아들 하나가 있지만 아직 어렸다. 이씨는 아들을 이끌고 남편의 유해를 지고 고향인 동쪽으로 돌아오고 있었다. 개봉(開封)을 지나며 여관에 머물렀다. 주인은 부인 혼자 어린 아들을 데리고 온 것을 이상하게 여겨 숙박을 허락하지 않았다. 이씨는 날이 이미 저물어 나가지 않으려 했는데, 이때 주인이 그녀의 팔을 잡아 밖으로 끌어내었다. 이에 이씨는 하늘을 우러러 길게 탄식하여 말하기를, "내가 부인이 되어 수절을 하지 못하고 이 손을 남에게 잡혔도다. 한 손으로 온 몸을 더럽힐 수가 없도다"라고 했다. 바로 도끼로 그 팔을 절단했다. 길 가다 이 장면을 본 사람들이 모여들어 탄식하면서 어떤 이는 손가락질을 하고 어떤 이는 울었다. 개봉의 수령이 듣고 이 사건을 조정에 아뢰니 관아에서 약을 주어 치료하게 했다. 이씨를 후하게 돕도록 하고 그 여관 주인에게 벌을 내렸다.

李氏王凝妻. 凝家靑齊之間, 爲虢州司戶參軍, 以疾卒于官. 家素貧, 一子尙幼. 李携其子負, 其遺骸以歸東. 過開封, 止旅舍. 主人見其婦人獨携一子, 而疑之, 不許其宿. 李顧天已暮不肯去, 主人牽其臂而出之. 李仰天長慟曰, "我爲婦人, 不能守節, 而此手爲人執邪, 不可以一手幷汚吾身." 卽引斧自斷其臂. 路人見者環聚, 而嗟之, 或爲之彈指, 或爲之泣下. 開封尹聞之, 白其事於朝, 官爲賜藥封瘡. 厚恤李氏, 而笞其主人.

왕응의 처는 조선에서는 강한 신념으로 수절한 사례로 자주 인용되었다. 한편 박지원은 왕응의 처가 보인 혹독한 선택은 어쩔 수 없는 처지에서 나온 것으로 보는데, 이것은 왕응의 처를 모범적인 행위 모델로 보기 어렵다는 뜻인 것 같다(『연암집』「김유인사장(金孺人事狀)」).

13

이씨가 감옥에서 목을 매다
李氏縊獄

사방득(謝枋得)의 처 이(李)씨는 안인[安仁, 지금의 후난성(湖南省) 소재] 사람이다. 인물이 좋고 총명했으며 여러 여훈서를 읽고 사방득에게 시집갔다. 시부모를 섬기고 제사를 받들며 빈객을 대접하는 것이 모두 예에 맞았다. 방득이 군대를 일으켜 안인을 지키다가 패하자 도망하여 민(閩) 땅으로 들어갔다. 무(武) 만호(萬戶)는 방득이 호걸이라 갑자기 변을 일으킬까 두려워 현상금을 걸고 사로잡고자 그의 처가 있는 데에 이르렀다. 이때 이씨는 두 아들을 데리고 귀계산(貴溪山) 가시덤불 속에 숨어서 풀을 캐 먹고 있었다.

지원(至元, 원나라 세조의 연호, 1264~1294) 14년 겨울 원나라 군대가 종적을 찾아 산중에까지 이르렀다. 영을 내려 말하기를, "이씨를 사로잡지 못하면 온 마을을 없애버리겠다"라고 했다. 이씨가 이를 듣고 말하기를, "어찌 나 때문에 다른 사람들에게 누를 끼치겠는가. 내가 나가 일을 막겠다"라고 했다. 이에 바로 사로잡혔고, 다음에 건강(健康)으로 옮겨 수감되었다. 어떤 이는 이씨를 가리켜 말하기를, "내일이면 재산을 몰수하고 가족들을 잡아들일 것이다"라고 했다. 이씨가 이 말을 듣고 두 아들을 어루만지며 울었다. 곁에 있던 사람들이 말하기를, "비록 재산을 몰수당하고 가족이 갇히더라도 벼슬자리 아내가 될 터인데 어찌 우는가"라고 했다. 이씨가 말하기를, "내 어찌 두 남편을 섬기겠는가"라고 했다. 두 아들을 돌아보며 말하기를, "다행히 살아서 돌아가면 할머니를 잘 모셔라. 내가 끝까지 봉양하지 못하게 되었구나"라고 했다. 이날 저녁 이씨는 치마끈으로 목을 매어 옥중에서 자결했다.

謝枋得妻李氏安仁人也. 色美而慧, 通女訓諸書. 嫁枋得, 事舅姑奉祭待賓,
皆有禮. 枋得起兵守安仁, 兵敗逃入閩中. 武萬戶以枋得豪傑, 恐其扇變, 購捕
之, 跟及其家人. 李氏攜二子, 匿貴溪山荊棘中, 採草木而食. 至元十四年冬, 元
兵蹤跡至山中, 令曰, "苟不獲李, 屠而墟." 李聞之曰, "豈可以我故累人, 吾出,
事塞矣." 遂就俘, 明年徙囚健康. 或指李言曰, "明當沒入矣." 李聞之, 撫二子
而泣. 左右曰, "雖沒入, 將不失為官人妻, 何泣也." 李曰, "吾豈可嫁二夫耶."
顧謂二子曰, "若幸生還, 善事吾姑, 吾不得終養矣." 是夕, 解裙帶自經獄中死.

❀

　이씨의 남편 사방득(謝枋得, 1226~1289)은 남송 말의 정치가다. 조국
이 적의 손에 들어가자 절의를 지키며 굶어 죽었다는 이야기는 '방득
불식(枋得不食)'이라는 제목으로 이 책 충신도에 실려 있다. 이후 이들
부부는 '남편 충신 아내 열녀'의 모델이 되었는데, 남자는 나라에 신의
를 다하고 여자는 남편에게 신의를 다해야 한다는 게 골자다. 이씨의
사적은『송사』권460「열녀전」에 나온다.

14

취가가 남편 대신 삶아 먹히다
翠哥就烹

이중의(李仲義)의 아내 유(劉)씨의 이름은 취가(翠哥)이며 방산(房山) 사람이다. 지정(至正, 원나라 혜종 때 연호, 1341~1370) 21년에 고을에 큰 흉년이 들었는데, 적장(賊將)인 평장(平章) 유합랄불화(劉哈剌不花)의 병사들은 먹을 것이 없었다. 이에 이중의를 잡아다 삶아 먹으려고 했다. 중의의 아우 마아(馬兒)가 달려와 유씨에게 이 사실을 알리자 유씨는 남편을 구하려고 바로 갔다. 유씨가 땅에 엎드려 울면서 병사에게 말하기를, "잡혀 있는 사람은 내 남편이니 제발 살려주시오. 우리 집 땅속에 간장 한 독과 쌀 1말 5되를 묻어두었으니 꺼내 가시고 대신 내 남편을 풀어주시오"라고 했다. 하지만 병사들은 듣지 않았다. 유씨가 말하기를, "내 남편은 여윈 데다 몸집이 작아 먹을 게 없소. 들으니 여자로서 살이 찌고 피부가 검으면 그 고기 맛이 좋다고 하오. 나는 살이 찌고 피부가 검으니 남편 대신 나를 삶으시오"라고 했다. 병사들은 드디어 그녀의 남편을 놓아주고 유씨를 삶아 먹었다.

李仲義妻劉氏, 名翠哥, 房山人. 至正二十年, 縣大饑, 平章劉哈剌不花兵乏食. 執仲義欲烹之. 仲義弟馬兒走報劉氏, 劉遽往救之. 涕泣伏地告於兵曰, "所執者是吾夫也, 乞矜憐之貸其生. 吾家有醬一甕米一斗五升窖于地中, 可掘取之, 以代吾夫." 兵不從. 劉曰, "吾夫瘦小不可食. 吾聞婦人肥黑者味美. 吾肥且黑, 願就烹以代夫死." 兵遂釋其夫而烹劉氏.

유취가(劉翠哥)의 사적은 『원사』「열전」'유취가'에 실려 있다. 대기근이 들어 사람을 잡아먹는 위기의 상황에서 남편 대신 삶겨지기를 자처한 취가와 유사한 사례가 「형제도」에도 있는데 '조효가 삶기기를 청하다(趙孝就烹)'가 그것이다. 취가는 남편 대신 삶겨져 죽었지만 「형제도」의 조효는 동생을 살려주는 대가로 자신을 삶아 먹으라고 했지만 도적들은 우애에 감동받아 둘 다 풀어주었다.

15

영씨의 딸이 절개를 지키다
審女貞節

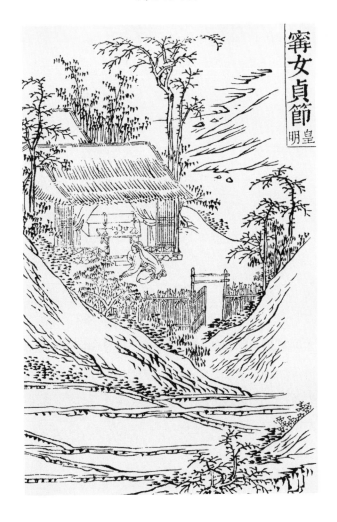

영(甯)씨의 딸은 유진아(劉眞兒)에게 시집가기로 되어 있었다. 그런데 아직 시집도 가기 전에 진아가 죽었다. 영씨의 나이 16세 때인데 부음을 듣고 곡을 하며 매우 애통해했다. 얼마 안 있어 부모에게 이르기를, "옛사람이 말하기를 열녀는 남편을 바꾸지 않는다고 했습니다. 제가 비록 혼인식을 올리지 않았지만 절차대로 혼례가 부모의 명으로 모두 정해졌습니다. 신랑이 지금 불행하게도 죽었으니 그 부모는 늙어 의지할 곳이 없어졌습니다. 제가 어찌 차마 저버리고 다른 사람의 집으로 시집가겠습니까"라고 했다. 마침내 시가로 가서 시부모를 모시도록 해달라고 했다. 그 부모가 처음에는 허락하지 않다가 영씨가 더욱 간절하게 청하자 결국 허락했다. 영씨가 시집에 도착하여 곡(哭)을 하고 장례와 제사를 예에 어긋나지 않게 치렀다. 며느리의 도리를 하는 데 더욱 공손했고 길쌈을 하여 좋은 음식으로 봉양했다. 이처럼 한 것이 무려 52년이었는데, 나라에 소문이 나서 임금이 세상에 널리 알리기를 명하여 정절문(貞節門)을 세웠다.

　　甯氏女, 許嫁劉眞兒. 未嫁而眞兒死. 甯氏年十六, 聞訃哭甚哀. 旣而謂父母曰, "古云烈女不更二夫. 吾雖未與之醮, 然媒妁聘幣, 父母之命, 皆己定矣. 今不幸而死, 其父母老無所依. 吾豈忍背之, 操他人家箕箒耶." 遂請往夫家侍養舅姑. 父母初未之許, 甯請益堅, 卒許之. 甯至其家. 哭臨葬祭無違禮. 執婦道甚恭, 織紝以供甘旨. 如是者凡五十二年. 事聞, 詔旌表其門曰, "貞節."

❋

혼인을 약속한 단계임에도 불구하고 혼인의 의무를 다한 영씨의 사례는 이후 유사한 상황에 처한 여자들의 모델이 되었다.

16

도미의 아내가 함께 달아나다
彌妻偕逃

도미(都彌)의 처는 아름답고 행실 또한 훌륭했다. 개루왕(蓋婁王)이 소문을 듣고 도미에게 말하기를, "부인이 비록 정절이 있다 해도 그윽한 어두운 곳에서 달콤한 말로 꾀면 마음이 움직이지 않는 사람이 없다"라고 했다. 도미가 말하기를, "신의 처 같은 이는 죽어도 변치 않을 사람입니다"라고 했다. 이에 왕이 시험을 해보자고 하며 도미를 궐에 머물게 하고 신하에게 왕의 옷을 입고 왕의 말을 타고 그 집으로 가게 했다. 그리고 도미의 아내에게 말하기를, "나는 네가 아름답다는 소문을 듣고 도미와 장기로 내기를 하여 너를 얻었다. 내일 너를 궐로 들여 궁인으로 삼겠다"라고 했다. 그 후 왕이 도미의 아내를 겁박하려고 하자 말하기를, "왕은 망령된 말이 없으니 내 어찌 순종하지 않으리오. 대왕께서 먼저 방에 들어가 계시면 저는 옷을 갈아입고 오겠습니다"라고 했다. 물러나와 여종을 꾸며 방으로 들여보냈다. 왕은 후에 속은 줄 알고 매우 화를 내며 도미에게 죄를 덮어씌워 두 눈알을 빼고 배에 실어 물에 띄워 보냈다.

드디어 그 아내를 잡아다가 강제로 간음을 하려고 했다. 이에 도미의 아내가 말하기를, "이제 남편을 이미 잃었으니 홀로 살 수가 없을 것입니다. 하물며 왕을 모시는 것을 어찌 감히 어길 수 있겠습니까. 다만 오늘은 모시지 못할 연고가 있으니 다른 날을 기다려주십시오"라고 했다. 왕이 그 말을 믿고 허락하자 부인은 재빨리 도망쳐서 강어귀에 이르렀다. 강을 건널 수가 없어 하늘을 우러러 통곡했다. 그러자 갑자기 배 한 척이 다가왔는데, 그 배를 타고 천성도(泉城島)라는 섬에 다다랐다. 그곳에서 남편을 만났는데, 죽지 않고 있었다. 부부는 풀뿌리를 캐어 먹다가 함께 고구려로 들어가 떠돌다가 죽었다.

都彌妻, 美麗亦有節行. 蓋妻王聞之, 語都彌曰, "婦人雖貞, 在幽昏處, 誘以
巧言, 則不動心者鮮矣." 都彌曰, "若臣妻, 雖死無貳." 王欲試之, 留都彌以事,
使一近臣, 假王衣服, 馬從夜抵其家. 謂其婦曰, "我聞爾好, 與都彌博得之, 來
日入爾爲宮人." 將亂之, 婦曰, "王無妄語, 吾敢不順. 請大王先入室, 吾更衣而
進." 退飾一婢薦之. 王後知見欺, 怒甚. 誣都彌以罪, 矐其兩眸子, 置小舸泛之
河上. 遂引其婦, 强欲淫之. 婦曰, "今良人已失. 獨身不能自持. 况爲王御, 豈敢
相違. 今有所避, 請俟他日." 王信而許之. 婦便逃至江口, 不能渡. 呼天慟哭, 忽
見舟至, 乘到泉城島. 遇其夫未死, 掘啖草根, 遂與同至高句麗, 終於羈旅.

도미 아내의 고사는 『삼국사기』 「열전」 '도미(都彌)'에 나온다. 백제 사
람인 그녀는 한국 최초의 열녀가 되는 셈이다. 『삼강행실도』에서는 '도
미의 아내가 풀을 뜯어 먹다'로 풀이되는 '미처담초(彌妻啖草)'였는데, 이
책 『오륜행실도』에서는 왕의 마수를 벗어나 도망가는 것에 초점을 둔
'미처해도(彌妻偕逃)'로 바뀌었다.

17

김씨가 몽둥이로 호랑이를 쫓다

金氏撲虎

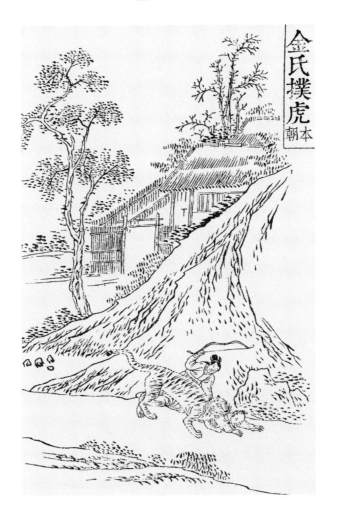

김씨는 안동 사람으로 산원(散員) 유천계(兪天桂)에게 시집갔다. 천계가 수자리로 가게 되어 그 처에게 말하기를, "오늘이 길일(吉日)이니 밖에 나가서 자려고 하오"라고 말했다. 이에 그의 처가 말하기를, "나도 나가서 자겠어요"라고 하고 먹을 양식을 챙기러 안으로 들어왔다. 밤중에 갑자기 어떤 사람이 놀라며 소리를 쳤는데, 종들은 모두 몸을 움츠리고 나오지 않았다. 이에 김씨가 바로 달려 나와 보니 호랑이가 이미 남편을 낚아채 가고 있었다. 김씨가 나무활을 들고 울부짖으며 따라갔다. 왼손으로 남편을 잡고 오른손으로는 호랑이를 때렸다. 거의 60보쯤 갔는데, 호랑이가 그를 내려놓고 멈춰 섰다. 김씨가 말하기를, "너는 이미 내 남편을 물어갔거늘 나마저 잡아가려느냐?"라고 했다. 호랑이는 곧 떠나갔다. 남편은 기절해 있었는데, 김씨가 그를 업고 집으로 돌아왔다. 날이 밝자 남편이 깨어났다. 그날 밤 호랑이가 또 와서 큰 소리로 거리낌 없이 울부짖었다. 김씨가 또 문을 열고 몽둥이를 들고 호랑이에게 말하기를, "너도 영물인데 어찌 이렇게 심하게 구느냐"라고 했다. 그러자 호랑이가 곁에 있던 배나무를 물어뜯고 떠나갔는데, 배나무가 곧 말라 죽었다.

　金氏安東人, 適散員兪天桂. 洪武辛巳, 天桂當行戍, 謂其妻曰, "今日吉, 吾將出宿於外." 其妻曰, "吾亦出宿矣." 遂入室裹糧, 夜半忽有人驚呼聲. 婢僕皆縮頸, 金挺身出, 虎已攫夫去, 金把木弓, 叫呼而前. 左手執夫, 右手僕虎. 幾至六十步許, 虎委之而止. 金曰, "爾旣攫我夫, 欲幷取我邪." 虎乃去. 夫氣絶, 金負而歸家. 黎明夫甦. 其夜虎又至, 唐突大吼. 金又開門荷, 杖語虎曰, "爾亦含靈之物, 何若是之甚乎." 虎囓舍傍梨樹而去, 樹乃枯.

✤

　이 고사는 『태종실록』 13년 2월 7일 기사에 실려 있다. 당시 경상도
와 충청도의 관찰사가 도내 효자 열녀를 보고할 때 안동의 김씨가 채택
된 것이다. 이후 『삼강행실도』와 『신증동국여지승람』에 인용되었다. 한
반도에 호랑이가 많이 서식했다는 것은 공인된 사실이고 따라서 호랑
이와 관련된 전래 설화도 많다. 김씨의 경우처럼 열녀나 효녀 서사에서
도 호랑이를 매개로 한 이야기가 종종 등장한다.

	제목	나라	내용	출처
1	伯姬逮火	宋(春秋)	화재의 위기 상황에서도 부인의 예를 지키는 것을 우선으로 한 송나라 백희(伯姬)의 고사	列女傳 宋恭伯姬
2	女宗知禮	宋(春秋)	남편이 외도를 하더라도 부인은 한 남편을 섬기는 것이 예라는 논리로 개가를 거부한 여종(女宗)의 고사	列女傳 宋鮑女宗
3	殖妻哭夫	齊(春秋)	나라를 위해 싸우다 전사한 남편을 예를 갖춰 장사하고, 삼종(三從)의 예에 따라 스스로 목숨을 끊은 열녀의 전범	列女傳 齊杞梁妻
4	宋女不改	蔡(春秋)	불치병에 걸린 남편을 떠나지 않고 끝까지 섬겨야 함을 주장하며 개가를 거부한 여성	列女傳 蔡人之妻
5	高行割鼻	漢	남편이 죽자 귀족들이 서로 청혼을 해오자 미모 때문이라며 자신의 코를 베어 거부 의사를 밝힘	列女傳 梁寡高行
6	節女代死	漢	남편을 살해하려는 음모를 미리 알고 남편을 피신시키고 자신이 대신 죽은 여자의 이야기	列女傳 京師節女
7	穆姜撫子	漢	전처 자식들의 원한에도 불구하고 어머니의 사랑을 베풀어 그들의 마음을 돌려놓았다는 목강(穆姜)의 고사	後漢書
8	貞義刎死	漢	부정한 방법으로 취득했거나 과도한 재물을 거부하며 집안 식구들을 정의롭게 인도한 여성의 이야기	後漢書
9	禮宗罵卓	漢	남편을 여읜 미모의 여성에게 권력과 재물로 청혼한 한나라 재상 동탁을 꾸짖고 훈계한 예종(禮宗)의 이야기	後漢書
10	媛姜解梏	漢	옥에 갇힌 남편을 탈옥시키고 남편 대신 형틀을 쓰고 죽은 원강(媛姜)의 고사	後漢書
11	令女截耳	魏	개가시키려는 청을 거절하기 위해 자신의 귀를 자르고 코를 벤 하후영녀(夏侯令女)의 고사	三國志 魏志
12	王氏感燕	宋	죽은 남편의 무덤가에 잣나무 수백 그루를 심어 애도하자 제비가 감동하여 반응을 했다는 이야기	南史
13	崔氏見射	隋	적에게 잡혀 겁탈의 위기 상황에서 죽음을 선택한 조원해(趙元楷)의 아내 최씨(崔氏)의 고사	隋書 · 列女傳
14	淑英斷髮	唐	귀양 간 남편을 기다리며 머리칼을 잘라 개가를 거부, 귀양에서 돌아온 남편과 해후한 배숙영(裵叔英)의 고사	新唐書
15	魏氏斬指	唐	난리로 고을이 함락되자 적장에게 잡혀 음악을 연주하라는 요구에 손가락을 잘라 거절, 죽임을 당함	新唐書
16	李氏負骸	五代	남편이 객사하자 고향으로 시신을 옮겨오던 중 여관집 외간 남자에게 손을 잡히자 자신의 팔뚝을 자름	五代史
17	趙氏縊輿	宋	미색의 조씨(趙氏)가 반란의 괴수 왕측(王則)에게 청혼을 받자 거짓으로 응하는 체하다 가마 속에서 목을 맴	宋史 권460 列女傳

18	徐氏罵死	宋	난리 통에 도적에게 잡힌 서씨(徐氏)가 욕을 당하려 하자 그들을 혹독하게 꾸짖고 죽임을 당함	宋史 권460 列女傳
19	**李氏縊獄**	宋	남편 사방득(謝枋得)이 병사를 일으켜 적과 싸우다 패하여 숨자 적에게 사로잡혀 자결한 이씨(李氏)의 고사	宋史 권460 列女傳
20	雍氏同死	宋	원나라의 공격으로 성이 함락되어 책임을 느낀 군수 조묘발(趙卯發)이 자결하자 그의 아내 옹씨(雍氏)도 함께 죽음	宋史 趙卯發傳
21	貞婦淸風	宋	원나라의 침입으로 부모와 남편이 죽고 자신은 적진으로 끌려가다 절벽 아래 몸을 던져 죽음	宋史 列女傳
22	梁氏被殺	宋	원나라 군대에 부부가 사로잡히자 속임수로 남편을 돌려보낸 후 적장을 때리다가 죽임을 당함	宋史 列女傳
23	明秀具棺	金	난리가 나 몸을 온전히 할 도리가 없게 되자 어린 자식을 종들에게 부탁하고 자결한 포찰명수(蒲察明秀)의 고사	金史 列女傳
24	義婦臥氷	元	시부모의 병환에 허벅지의 살을 베어내 살렸고, 천 리 밖에서 죽은 남편 시신을 겨우 찾아 고향에 장사 지낸 장의부(張義婦)	元史 列女傳
25	童氏皮面	元	고을이 함락되고 도적 떼가 집에 들이닥쳐 위협하자 굴하지 않고 꾸짖다가 얼굴 가죽이 벗겨져 죽음	元史 列女傳
26	王氏經死	元	남편 혜사현(惠士玄)이 죽자 여막을 짓고 슬피 곡하고 하나 남은 아들마저 죽자 3년상 마치던 날 자결한 왕씨(王氏)	元史 列女傳
27	朱氏懼辱	元	원나라 장사성(張士誠)의 난 때 도적들에게 욕을 당할 것을 우려하여 딸과 함께 목매 죽은 황중기(黃仲起)의 아내 주씨(朱氏)	元史 列女傳
28	**翠哥就烹**	元	대기근이 발생하자 사람을 잡아 삶아 먹는 상황에서 잡힌 남편을 대신하여 삶겨 죽은 유취가(劉翠哥)의 고사	元史 列女傳
29	**寗女貞節**	明	혼인을 약속한 상태에서 신랑 될 사람이 죽자 시집으로 와서 며느리로서의 의무를 다한 영녀(寗女)의 고사	明史 列女傳
30	**彌妻偕逃**	百濟	남편을 내쫓은 왕이 자신을 차지하려 하자 지모로써 따돌리고 도망 나와 남편을 찾은 도미(都彌) 아내의 고사	三國史記
31	崔氏奮罵	高麗	왜구가 진주에 쳐들어왔을 때 잡혀 욕을 당하게 되자 꾸짖고 욕하다가 죽임을 당한 최씨(崔氏)	高麗史
32	烈婦入江	高麗	왜구의 침입으로 젖먹이를 안고 달아나다 길이 막히자 강둑에 아이를 놓아두고 물에 몸을 던진 배씨(裵氏)	高麗史
33	林氏斷足	朝鮮	왜구에게 욕을 당하기에 이르자 맞서 싸우다 팔뚝과 다리를 잘려 죽은 임씨(林氏)	太祖實錄
34	**金氏撲虎**	朝鮮	유천계가 범에게 물려가자 나무활을 들고 쫓아가 남편 유씨를 구하고 호랑이를 꾸짖은 안동의 김씨(金氏)	太宗實錄
35	金氏同穴	朝鮮	혼인한 지 얼마 되지 않아 남편이 말에서 떨어져 죽자 울다가 굶어서 53일 만에 죽은 스무 살의 김씨(金氏)	太宗實錄

4부

형제도

『오륜행실도』의 「형제도」는 『이륜행실도』(중종 13, 1518)를 저본으로 삼았다. 그런데 『이륜행실도』가 형제와 종족을 나누어 독립적으로 편성한 것과는 달리 『오륜행실도』는 종족과 형제를 합본했다. 즉 형제 24편에 부록으로 종족 7편을 붙여 모두 31편으로 구성했다.

　형제 관계의 윤리는 장유유서(長幼有序)에 속한 것으로 형의 사랑과 아우의 공경, 즉 형우제공(兄友弟恭)의 내용을 담고 있다. 여기서 소개하는 우애의 구체적 사례들은 몇 가지 유형으로 나뉜다. 「형제도」 24편 가운데 가장 많이 나온 주제는 형제간 재물과 관련된 것으로 10여 편이 이에 해당한다. 즉 가산 분할에서 형제에게 양보함으로써 갈등을 해소하고 사랑을 실천한 사례들이다. 이들은 형제의 우애에 장애가 되는 것을 과감히 포기하는 용기를 보이는데, 한나라의 이충(李充)이나 수나라의 군량(君良) 등은 더 많은 재물을 원하는 아내를 내쫓는 방식으로 문제를 해결한다. 이 또한 그 시대의 가족 구조를 바탕으로 비판적 독해가 필요한 부분이다.

다음은 형제를 대신하여 죽음까지도 불사하며 사랑을 실천한 사례가 7편이고, 이복형제와의 우애를 다룬 것이 3편이다. 특히 계모로부터 핍박받는 형이나 이복아우를 아끼고 사랑한다는 설정은 전통사회의 가족 구조에서 일상화된 갈등을 토대로 구성된 것이다. 다만 이복형제의 사랑을 강조하기 위해 그들의 어머니를 악녀로 만드는 이야기 구조에 대한 거리두기도 필요하다. 위(衛)나라 태자와 공자 형제의 동반 죽음이나 어머니의 음모로부터 이복형을 구해낸 왕람(王覽)의 고사 등이 그것이다.

종족은 4대 동거에서 13대 동거에 이르는 7종족의 사례를 싣고 있는데, 이들은 생산과 소비, 육아를 공동으로 행하는 넓은 의미의 가족 공동체다. 특히 당나라 장공예(張公藝)의 9세대 동거는 율곡의 가족애 형성의 모델이 되었다. 또 종족 간의 사랑을 물질적인 측면에서 실천한 범중엄(范仲淹)의 사례는 문중의 장학재단을 연상케 한다. 당시의 가족이나 종족 구조에서는 가능한 이야기들로 일반 사람들에게 교육적 효과를 가지는 것이었다. 우리에게 잘 알려진 육구연(陸九淵), 범중엄 등의 역사 인물들의 가족 이야기는 인물들의 입체적 이해를 돕는다.

「형제도」에 편성된 31편은 모두 중국의 사례로 『후한서』, 『수서(隋書)』, 『송사』 등의 사서(史書)에서 뽑은 것이다. 형제와 종족의 사례들은 모두 남자가 주인공인데, 당시의 가족 구조에서는 당연한 것일 수 있겠다.

본 편역서는 『오륜행실도』 31편의 「형제도」에서 서사 구조가 비교적 단단하고 즐겨 인용되는 사례를 기준으로 삼아 16편을 선정하여 실었다.

01

이복형제 급과 수가 함께 죽다
伋壽同死

춘추시대 위(衛)나라의 공자(公子) 수(壽)는 선공(宣公, 재위 기원전 718~700)의 아들이며 태자(太子) 급(伋)의 이복동생이다. 같은 어머니에게서 태어난 동생으로 공자 삭(朔)이 있었다. 동생인 공자 삭이 어머니와 모의하여 태자 급을 죽이고 동복형 공자 수를 태자로 세우려 했다. 이에 사람을 시켜 태자 급과 함께 배를 타고 가다가 급을 물에 빠뜨려 죽이라고 했다. 공자 수는 그들을 말리지 못할 것을 알고 이복형 수와 함께 배를 탔다. 그래서 뱃사람이 급을 죽일 수 없었다. 또 태자 급을 제(齊)나라에 가게 하며 도적을 시켜 태자의 깃발이 지나가거든 죽이라고 했다. 이에 공자 수가 태자 급을 가지 못하게 하자 급이 말하기를, "아버지의 명을 듣지 않는 것은 자식의 도리가 아니므로 가지 않을 수 없다"라고 했다. 이에 수가 또 이복형 급과 함께 가려 하자 어머니도 어쩔 수 없었다. 다만 주의를 주기를, "너는 앞에 서지 말라"라고 했다. 수는 몰래 태자 급의 깃발을 들고 앞장서 갔다. 도적이 보고 공자 수를 죽여버렸다. 뒤따르던 급이 와서 보고 수가 자기 대신 죽은 것을 통곡하며 슬픔의 눈물을 흘렸다. 동생의 시신을 싣고 돌아오다 국경에 이르러 태자 급은 스스로 목숨을 끊었다.

衛公子壽者, 宣公之子, 太子伋之異母弟. 公子朔之同母兄也. 其母與朔謀, 欲殺伋而立壽. 使人與伋, 乘舟於河中, 將沉而殺之. 壽知不能止, 因與之同舟. 舟人不得殺. 又使伋之齊, 將使盜見載旄, 要而殺之. 壽止伋, 伋曰, "棄父之命, 非子道也, 不可." 壽又與之偕行, 其母不能. 乃戒之, 曰 "壽無爲前也." 壽又竊伋旄, 以先行. 盜見而殺之. 伋至, 痛壽代己之死, 涕泣悲哀. 載其屍, 還至境而自殺.

수(壽)와 삭(朔)의 이야기는 『열녀전』 「얼폐」 '위선공강(衛宣公姜)'에 나오는데, 거기서는 어머니 선강(宣姜)의 악행에 초점을 맞췄다. 내용에서 약간 차이가 있는데, 여기서는 급(伋)이 동생의 시신을 싣고 오던 중 자결한 것으로 나오지만 『열녀전』에는 동생 수를 죽인 역사(力士)에게 자신도 죽여달라고 한 것으로 나온다. 어머니와 모의하여 태자를 죽이려 했던 공자 삭은 두 형의 동시 죽음으로 선공(宣公)의 뒤를 이어 왕위에 오르는데, 위혜공(衛惠公)이 바로 그다.

허무가 스스로 욕을 먹다

許武自穢

허무(許武)는 한나라 양선[陽羨, 형읍(荊邑)으로도 불리며 지금의 장쑤성(江蘇省) 이싱(宜興)] 사람이다. 건무(建武, 25~56년 사이) 연간에 회계 태수 제오륜(第五倫)의 천거를 받았는데, 효성스럽고 청렴하다는 이유에서였다. 허무는 두 동생인 허안(許晏)과 허보(許普)가 현달하지 못해 그들의 이름을 세상에 알리고 싶었다. 이에 동생들에게 말하기를, "예(禮)에는 나누어 갖는 도리가 있고, 사는 집을 따로 해야 하는 도리가 있다"고 했다. 그러고는 재산을 3등분하여 자신은 비옥한 전답과 넓은 집, 힘이 센 노비를 가지고 두 동생에게는 모두 뒤처지는 것을 주었다. 이를 본 고을 사람들은 허무의 탐욕을 비루하게 여기고 동생들을 양보할 줄 안다며 칭찬했다. 이로부터 동생들도 벼슬자리에 추전되었다. 마침내 허무는 종족들을 모아놓고 울면서 말했다. "제가 형으로서 못났음에도 분에 넘친 명성과 벼슬을 얻었으나 두 아우는 나이가 차도록 영화를 보지 못했습니다. 그래서 제가 재산을 나누자고 하며 스스로 많이 가지며 비난을 받았습니다. 지금 제 재산은 전보다 세 배나 늘어났습니다." 모든 재산을 두 아우에게 나눠 주고 자신은 아무것도 가지지 않았다. 이에 고을 사람들은 그 뜻을 이해하고 허무를 칭찬했다.

許武陽羨人. 建武中會稽太守第五倫舉爲孝廉. 武以二弟晏普未顯, 欲令成名. 乃謂之曰, "禮有分異之義, 家有別居之道." 於是共割財産, 以爲三分, 武自取肥田廣宅奴婢强者, 二弟所得並皆劣少. 鄉人皆鄙武貪, 而稱弟能讓. 由是晏等俱得選擧. 武乃會宗族, 泣曰, "吾爲兄不肖, 盜竊聲位, 二弟年長, 未霑榮祿, 所以求得分財, 自取大譏. 今理産所增三倍於前." 悉推與二弟, 一無所留. 於是郡中翕然稱之.

＊

　허무의 사적은『후한서』「허형열전(許荊列傳)」에 나오는데, 후한의 정
치가로 태수(太守)를 지낸 허형은 허무의 손자다. 제오륜(第五倫)은 복성
(復姓)으로 옛 제(齊) 왕실의 전(田)씨가 조상이다. 그의 사적은『후한서』
「제오륜전(第五倫傳)」에 나온다.

03

정균이 형에게 간하다
鄭均諫兄

鄭均諫兄
漢

정균(鄭均)은 임성[任城, 지금의 산둥성 지닝(濟寧)] 사람이다. 형이 고을 관리로 있으면서 남이 주는 뇌물을 좋아했다. 이에 아우 균(均)이 받지 말라고 수차례 말했으나 형은 듣지 않았다. 동생 균은 신분을 버리고 남의 고용살이를 하여 1년여 만에 돈을 많이 벌어서 돌아왔다. 이 돈을 형에게 주며 말하기를, "이것을 다 쓰고 나면 다시 얻을 수 있습니다. 하지만 관리가 되어 뇌물죄에 걸리면 죽을 때까지 버림을 받을 것입니다"라고 했다. 형은 동생의 말에 감동하여 비로소 청렴한 관리가 되었다.

鄭均任城人. 兄爲縣吏, 頗受禮遺. 均數諫止, 不聽. 則脫身爲傭, 歲餘, 得錢帛歸. 以與兄曰, "物盡可復得, 爲吏坐贓, 終身捐棄." 兄感其言, 遂爲廉潔.

❀

정균(鄭均)의 사적은 『후한서』 「열전」 17에 나온다.

04

조효가 삶기기를 청하다
趙孝就烹

조효(趙孝)는 한나라 패국(沛國, 지금의 안후이성에 위치) 사람이다. 천하에 난리가 나 사람들이 서로 잡아먹는 상황이었다. 조효의 아우 조례(趙禮)가 적에게 잡혀 삶아 먹히려고 했다. 조효가 이 사실을 듣고 자신의 몸을 묶어 도적에게 다가가 말하기를, "내 아우 예는 오래도록 굶어 야위어 파리하니 살이 찐 나보다 못할 것이다"라고 했다. 도적이 매우 놀라워하며 그들을 풀어주었다. 그리고 조효에게 말하기를, "돌아가서 쌀자루를 가지고 다시 오라"라고 했다. 조효가 쌀자루를 구하지 못해 다시 도적에게 가서 자신을 삶아 먹으라고 했다. 모두 괴이하게 여기며 결국 그를 해치지 못했다. 명제(明帝, 후한의 제2대 황제로 57~75년 재위)가 그의 행실을 듣고 간의(諫議) 대부의 벼슬을 내렸다.

趙孝沛國人. 遭天下亂, 人相食. 孝弟禮爲賊所得, 將烹之. 孝聞, 卽自縛詣賊曰, "禮久餓羸瘦, 不如孝肥飽." 賊大驚並釋之. 且謂曰 "可歸. 更持米糒來." 孝求不能得. 復往報賊願就烹. 衆異之,, 遂不害. 明帝聞其行, 召拜諫議大夫.

✻

조효(趙孝)의 고사는 『후한서』「조효전(趙孝傳)」과 『태평어람』 권416에 나온다. 『태평어람』은 조효와 조례 형제의 또 다른 고사를 소개하는데, 먹을 것이 부족하자 형 부부는 자신들이 먹을 음식을 동생 부부에게 양보하며, 마치 자신들도 잘 먹는 척했다는 내용이다. 이 책 「열녀도」에 나오는 남편을 대신하여 삶겨 도적에게 먹힌 취가의 고사 '취가가 남편 대신 삶아 먹히다(翠哥就烹)'와 유사하다. 다만 취가는 남편 대신 먹히기를 자청하여 삶겼고, 조효는 동생 대신 먹히기를 자청했으나 풀려나 벼슬까지 얻은 것은 차이가 있다.

05

이충이 아내를 내쫓다
李充逐婦

이충(李充)은 한나라 진유[陳留, 지금의 허난성 카이펑(開封)] 사람이다. 집이 가난하여 여섯 형제가 옷을 서로 바꾸어 입고 밥을 나누어 먹으며 살았다. 하루는 그의 아내가 은밀히 말하기를, "가난한 것이 지금처럼 계속된다면 오래도록 편안하기 어렵습니다. 따로 나가 살면 좋겠습니다"라고 했다. 이에 이충이 거짓으로 허락하며 말했다. "따로 나가 살기를 원하니 술과 안주를 장만해서 모두 모이도록 해야 할 것이오. 그리고 마을 사람과 집안사람들을 초청해서 그 일을 함께 의논하겠소." 아내는 충의 말에 따라 술을 빚어놓고 손님들을 초청했다. 충이 모두 앉아 있는 그 앞에 꿇어앉아 그 어머니에 아뢰었다. "제 아내가 못나서 저를 잘못 인도하고 있습니다. 모자와 형제 사이를 이간하니 죄를 물어 쫓아내야겠습니다." 이어 아내를 꾸짖어 밖으로 쫓아내니 아내는 눈물을 머금고 떠나갔다.

李充陳留人. 家貧兄弟六人, 同衣遞食. 妻竊謂充曰, "今貧居如此, 難以久安. 願思分異." 充僞酬之曰. "如欲別居, 當醞酒具會, 請呼鄕里內外, 共議其事." 婦從充置酒讌客. 充坐中前跪, 白母曰. "此婦無狀而敎充. 離間母子·兄弟, 罪合遣斥." 便呵叱其婦, 遂令出門, 婦銜涕而去.

❉

이충(李充)의 고사는 『후한서』 권81 「독행전(獨行傳)」 '이충전(李充傳)'에 나온다.

06

강굉 형제가 같은 이불을 덮다
姜肱同被

강굉(姜肱)은 한나라 팽성[彭城, 지금의 장쑤성 쉬저우시(徐州市)] 사람이다. 명문세족 집안으로 두 아우 중해(仲海)와 계강(季江)과 함께 모두 효행으로 소문났다. 우애가 본래 지극하여 늘 함께 자고 함께 일어났다. 각기 결혼을 했는데도 형제가 서로 그리워하며 떨어져 자지 못했다. 후사를 이어야 해서 번갈아 각기 내실로 갔다 오곤 했다. 한번은 강굉이 아우 계강과 들에 나갔다가 도적을 만났다. 그들이 죽이려고 하자 형제가 서로 죽겠다고 다투었다. 강굉이 말하기를, "아우는 나이가 어려 부모가 가엾게 여길 것이고 또 아직 결혼을 하지 않았으니 나를 죽이고 아우는 살려주시오"라고 했다. 이에 아우 계강이 말하기를, "형은 나이도 많고 덕망이 있어 집안의 보배이며 나라의 인물이오. 내가 죽어서 형의 목숨을 대신하겠소"라고 했다. 이에 도적이 칼을 거두고 말하기를, "두 분은 어진 사람들이오. 우리가 나빠 함부로 그대들에게 잘못을 범하였소"라고 하며 형제를 놓아주었다.

姜肱彭城人. 家世名族, 與二弟仲海季江, 俱以孝行著聞. 友愛天至, 嘗共臥起. 及各娶妻, 兄弟相戀, 不能別寢. 以係嗣當立, 乃遞往就室. 嘗與季江適野, 遇盜. 欲殺之, 兄弟爭死. 肱曰, "弟年幼, 父母所憐愍, 又未騁娶, 願自殺身濟弟." 季江言, "兄年德在前, 家之珍寶, 國之英俊. 乞自受戮以代兄命." 盜戢刃曰, "二君賢人, 五等不良, 妄相侵犯." 乃兩釋之.

✻

강굉(姜肱, 97~173)은 오경(五經)에 박통하고 천문학과 참위학에도 밝아 그에게 배움을 청하러 온 사람이 3000명이나 되었다. 이에 조정 대신들이 다투어 그를 관직에 천거하려고 수차례 청했으나 번번이 거절하고 은일지사(隱逸之士)를 자처했다. 그의 사적은 『고사전(高士傳)』「강굉전(姜肱傳)」, 『후한서』「강굉전(姜肱傳)」에 나온다.

07

왕람이 다투어 독약을 마시려 하다
王覽爭酖

왕람(王覽)은 왕상(王祥)의 아우로 서로 우애가 돈독했다. 그런데 어머니 주(朱)씨는 전처소생 왕상에게 잔인하고 함부로 대했다. 왕람의 나이 네댓 살 되었을 때 형 왕상이 어머니에게 매를 맞는 것을 보면 바로 울며 형의 몸을 감싸 안았다. 커서는 매번 그 어머니에게 간청하여 말렸는데, 그때마다 어머니의 포악한 행동이 조금 누그러졌다. 어머니 주씨는 자주 이치에 맞지 않는 일을 왕상에게 시키곤 했는데, 그때마다 왕람은 왕상과 함께 그 일을 했다. 또 왕상의 처에게 모질게 대하면 왕람의 처 또한 달려가 함께 일을 해치우곤 했다. 그러면 주씨는 속을 태우다가 그만두곤 했다. 그런데 어머니 주씨가 독주(毒酒)를 왕상에게 몰래 먹이려고 했는데, 왕람이 알고는 바로 달려가 술을 빼앗았다. 왕상이 술에 독이 들었다고 여겨 동생에게 주지 않으려고 다투자 주씨가 급히 술을 빼앗아 엎어버렸다. 이때부터 어머니 주씨가 왕상에게 먹을 것을 주면 왕람이 먼저 맛을 보았다. 주씨는 자기가 낳은 아들 왕람을 죽일까 두려워 그 악독한 행위를 그만두었다.

王覽祥之弟, 與祥友愛甚篤. 母朱氏遇祥無道. 覽年數歲, 見祥被楚撻, 輒涕泣抱持. 至於成童, 每諫其母, 其母少止凶虐. 朱屢以非理使祥, 覽輒與祥俱. 又虐使祥妻, 覽妻亦趨, 而共之. 朱患之乃止. 朱密使酖祥, 覽知之, 徑趨取酒. 祥疑其有毒, 爭而不與, 朱遽奪覆之. 自後朱賜祥饌, 覽輒先嘗. 朱懼覽致斃, 遂止.

❊

왕람(王覽, 206~278)은 24효의 한 사람이다. 왕람이 그 어머니의 악행으로부터 구해낸 이복형 왕상(王祥)은 「효행도」에 실린 '와빙구리(臥冰求鯉)' 고사의 주인공이다. 왕람은 서성(書聖) 왕희지(王羲之)의 증조이기도 하다. 『진서(晉書)』 「왕상·왕람전(王祥·王覽傳)」에 왕씨 형제의 이야기가 실려 있다.

08

유곤이 병든 형을 살려내다
庾衮守病

08

유곤이 병든 형을 살려내다
庾衮守病

유곤(庾袞)은 영천(潁川, 지금의 허난성 중부 소재) 사람이다. 함녕[咸寧, 서진(西晉) 무제(武帝)의 연호, 275~280] 시절에 역질이 크게 퍼져 두 형은 함께 죽었고, 다음 형 유비(庾毗)도 위독한 상황이었다. 역병의 기세가 드세지자 부모와 여러 아우는 모두 밖으로 몸을 피했다. 오로지 유곤만 형 곁에 머물며 밖으로 나가지 않았다. 여러 부형이 억지로 데리고 나가려 하자 유곤이 말하기를, "저는 본래 병을 두려워하지 않습니다"라고 했다. 그리고 직접 형을 보살피기를 밤낮을 가리지 않고 했다. 그 사이에 죽은 형의 관을 어루만지며 슬퍼하기가 끝이 없었다. 이렇게 하기를 몇 달이 되자 역병의 기운이 차츰 잦아들고 나갔던 식구들이 돌아왔다. 형 유비의 병에 차도가 있었고 유곤에게도 아무런 일이 일어나지 않았다. 어른들이 모두 말했다. "이상한 일이구나. 이 아이는 다른 사람이 지키지 못한 것을 지켰고 다른 사람이 할 수 없는 일을 했구나. 날씨가 추운 다음에야 소나무와 잣나무가 늦게 시드는 것을 안다더니, 고약한 역질이라 하더라도 전염될 수 없음을 이제야 알겠구나!"

庾袞潁川人. 咸寧中大疫, 二兄俱亡, 次兄毗復危殆, 癘氣方熾, 父母諸弟,
皆出次于外. 袞獨留不去, 諸父兄強之, 乃曰, "袞性不畏病." 遂親自扶持, 晝夜
不眠. 其間復撫柩, 哀臨不輟. 如此十有餘旬, 疫勢既歇, 家人乃反. 毗病得差,
袞亦無恙. 父老咸曰, "異哉. 此子, 守人所不能守, 行人所不能行. 歲寒然後, 知
松柏之後凋, 始知疫癘之不能相染也."

유곤(庾袞)은 진(晉)의 은일지사로 평생 출사한 적이 없다. 그의 덕행에 힘입어 조카 유형(庾亮) 형제가 모두 동진에서 고관을 지냈고 질녀 유문군(庾文君)은 진나라 명제(明帝)의 황후가 되었다. 그의 사적은 『진서(晉書)』「효우전(孝友傳)」‘유곤(庾袞)’에 나온다.

09

왕밀이 아우 대신 아들을 희생시키다

王密易弟

왕밀(王密)은 진(晉)나라 상군(上郡, 고대 지명으로 지금의 산시성 최북단에 위치) 사람이다. 어느 날 아우 준(儁)과 아들 직(直)을 데리고 서쪽 양주(涼州)로 가는데, 도중에 양식이 다 떨어졌다. 왕밀이 아우와 아들을 길에 남겨놓고 마을로 내려가 밥을 얻어 바로 돌아와 보니 아우는 도적에게 잡히고 아들은 다행히 도망쳐 나와 숨어 있었다. 왕밀은 아들 직을 찾아내어 도적을 따라가 머리를 조아리며 애걸했다. "인정(人情)으로는 모두가 자식을 사랑하나 내 아우는 태어나기 전에 아버지가 돌아가시어 홀로 남겨져 내가 겨우 길러서 지금에 이르렀소. 청컨대 내 아들을 데려가고 아우를 놓아주시오." 도적들이 자기들끼리 말하기를, "자기 아들을 아우와 바꾸려 하니 매우 어질도다"라고 하고는 둘을 다 풀어주고 가버렸다. 왕밀이 죽자 아우 준은 닷새 동안 물 한 모금 마시지 않고, 형의 복이 비록 기년복이나 그는 심상(心喪)으로 6년을 보냈다.

王密上郡人. 嘗與弟儁子元直, 西如涼州, 路中糧實. 密留儁元直, 西於途乞丐民間. 比還, 儁爲賊所掠, 元直逃逸. 密乃將元直, 追賊叩頭求哀, 曰 "人情自當皆愛其子, 但此弟未生, 家君見背, 孤遺相長, 以至于今. 請以元直易儁." 賊相謂曰, "以子易弟, 義之大也." 於是以儁元直, 授密而去. 密後亡, 儁匄水不入口者五日, 雖服喪期年, 而心喪六載.

❀

왕밀(王密)이 실존 인물인지 허구의 인물인지는 자료의 부족으로 알

수 없다. 다만 동명이인으로 동한(東漢)의 명신(名臣) 양진(楊震, 54~124)과 관계된 왕밀이 있다. 동한의 관리 왕밀이 자신을 추천해준 양진에게 은밀히 금덩이를 뇌물로 바치자 양진은 "나는 그대를 알아주었는데, 그대는 나를 모른단 말인가"라고 하며 거절한다. 왕밀이 밤이라 아무도 본 사람이 없다고 하자 양진은 "하늘이 알고 땅이 알고 그대가 알고 내가 안다"는 유명한 말을 남겼다.

10

광진이 문서를 돌려보내다
光進反籍

이광진(李光進)은 당나라 계전(鷄田, 지금의 산시성 소재) 사람이다. 어버이를 지극한 효성으로 모셨다. 어머니가 돌아가시자 상중에 있던 3년 동안 자신의 방으로 가서 자는 법이 없었다. 그의 아우 광안(光顔)이 먼저 장가를 들었으므로 어머니가 며느리에게 집의 일을 모두 맡겼다. 그런데 광진이 아내를 맞았을 때는 어머니가 이미 돌아가신 뒤였다. 이에 아우 광안의 아내가 그동안 관리해오던 재물에 관한 문서와 자물쇠를 손위 동서인 광진의 아내에게 넘겼다. 광진은 아내에게 도로 돌려주도록 하며 말하기를, "일찍이 제수(弟嫂)가 어머니를 모셨고 또 어머니께서 집안 살림을 주관하라고 명하셨으니 바꿀 수 없소"라고 했다. 그리고 서로 붙들고 울며 집안 관리는 이전처럼 하기로 했다.

李光進鷄田人. 事親有至性. 母歿居喪三年, 不歸寢. 弟光顔先娶, 而母委以家事. 及光進娶, 母已亡. 弟婦籍滋蓄, 納管鑰於姒. 光進命返之曰, "婦逮事, 故且嘗命掌家事, 不可改." 因相持泣, 乃如初.

이광진(李光進)이 어떤 인물인지 역사적인 자료는 확인되지 않는다. 다만 조선후기 성호 이익은 광진과 광안 형제를 무공(武功)을 세운 인물로 소개하고 있다(『성호사설』 권26 「경사문(經史門)」).

11

두연이 형을 돌보다
杜衍待兄

두연(杜衍)은 송나라 산음(山陰, 지금의 저장성 사오싱 지역) 사람이다. 전(前) 어머니에게 두 아들이 있었으나 효성스럽거나 우애롭지 못했다. 게다가 두연의 어머니는 하양(河陽, 지금의 허난성 소재)의 전(錢)씨에게 개가해 갔고 할머니는 돌아가셨다. 두연의 나이 15~6세일 때, 두 형은 두연을 함부로 대하며 칼로 머리를 찍어 피가 몇 되나 흘렀다. 고모(姑母)가 숨겨주어 겨우 살아날 수 있었다. 이에 하양에 있는 어머니를 찾아갔으나 의붓아버지가 받아주지 않았다. 그래서 맹주(孟州)와 낙양(洛陽) 사이에서 남의 글을 써주는 것으로 먹고살며 빈궁하게 지냈다. 마침내 귀한 신분이 되었을 때 맏형은 여전히 어렵게 살고 있었는데 그를 사랑과 예로써 극진히 대접했다. 두 형과 의붓아버지 전(錢)씨, 고모의 자손들이 두연의 음덕을 입어 벼슬한 사람이 여럿이었다. 그리고 두연은 이들을 모두 혼인시켜주었다.

杜衍山陰人. 前母有二子, 不孝悌. 其母改適河陽錢氏, 祖母卒. 衍年十五六, 二兄遇之無狀, 至引劍斫之傷腦, 出血數升. 其姑匿之, 僅而得免. 乃詣河陽歸其母, 繼父不容. 來孟洛間, 貧傭書以自資. 及貴, 其長兄猶存, 待遇甚有恩禮. 二兄及錢氏姑子孫, 受衍蔭 補官者, 數人. 仍皆爲之婚嫁.

❁

두연(杜衍, 978~1057)은 유복자로 태어나 어려운 시절을 보내고 북송 인종조(仁宗朝)에 재상을 지냈다. 당나라 명재상 두우(杜佑)의 후손이다.

『송사』 「두연전(杜衍傳)」과 구양수(歐陽修)의 「두기공묘지명(杜祁公墓誌銘)」
등에 나온다.

12

군량이 처를 쫓아내다
君良斥妻

君良斥妻
唐

유군량(劉君良)은 수당 시대 요양(饒陽, 지금의 허베이 지역에 위치) 사람이다. 4대(代)가 함께 살며 일가 형제들과 재산을 공유했다. 집안에 있는 한 말의 곡식이나 한 자의 비단도 사사롭게 가지지 않았다. 수(隋)나라 대업(大業, 수나라 양제의 연호, 605~618) 연간에 흉년이 들어 기근이 심해지자 아내가 균량에게 따로 나가 살자고 했다. 그러고는 뜰의 나무 위에 사는 새끼 새를 자리를 바꿔놓아 서로 싸우며 지저귀게 하니 집안 사람들이 이상하게 여겼다. 이에 유군량의 아내가 말하기를, "세상이 어지러우면 짐승들도 서로 용납하지 못하니 하물며 사람이야 말해 무엇 하겠습니까!"라고 했다. 이에 군량은 아내의 뜻대로 형제들과 따로 떨어져 살게 되었는데, 한 달 남짓 지나 아내의 계략을 알게 되었다. 이로써 아내를 내쫓으며 말하기를, "당신이 내 집안을 망쳐놓았소"라고 했다. 그리고 형제들을 불러 눈물로 이 사실을 말하고 다시 형제들과 함께 살았다. 정관(貞觀, 당나라 태종의 연호) 6년(632) 나라에서 종족애를 실천한 그의 집안에 정문을 내려 표창했다.

劉君良饒陽人. 四世同居, 族兄弟猶同産也. 門內斗粟尺帛無所私. 隋大業中荒饉, 妻勸其異居. 乃易置庭樹鳥雛, 令鬪且鳴, 家人怪之. 妻曰, "天下亂, 禽鳥不相容, 況人耶." 君良卽與兄弟別處, 月餘密知其計. 因斥去妻曰, "爾破吾家." 召兄弟, 流涕以告, 更復同居. 貞觀六年, 表異其門閭.

❉

유군량(劉君良)은 마음속에 사심이 없는 것으로 이름이 났는데, 그의 사적은 『수서』「유군량전(劉君良傳)」에 나온다. 유군량의 4세 동거와 뒤에 나올 장공예의 9세 동거, 정문사(鄭文嗣)의 10세 등의 종족 간의 우애는 형제애를 확장시킨 것으로 보아 「형제도」부록으로 편성되었다.

13

공예가 참을 인(忍)자를 쓰다
公藝書忍

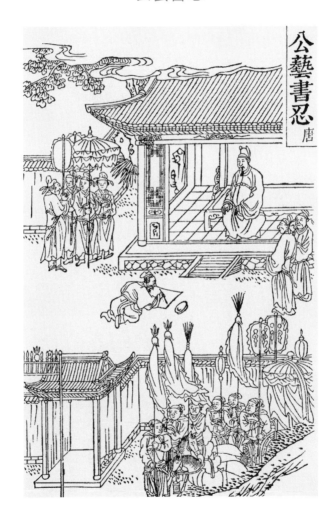

장공예(張公藝)는 당나라 수장[壽張, 지금의 허난성 타이첸현(台前縣)] 사람이다. 9대(代)째 한집에서 살았는데, 북제(北齊)·수(隋)·당나라가 모두 그의 집안에 정문을 내렸다. 당나라의 고종(高宗)은 태산(泰山)에 봉선하러 가다가 그 집에 들러 공예에게 서로 화목하게 지내는 비결을 물었다. 공예는 종이와 붓을 청하더니 대답으로 참을 인(忍)자를 100여 개 써서 올렸다. 종족이 화목하지 못한 것은 어른이 먹고 입는 것을 고르게 주지 않거나, 아랫사람이나 어린아이들이 예절이 없는 데 있는데, 여기에 서로 책망하다 보면 결국 어긋나 싸우게 된다는 것이다. 진정으로 서로가 참아준다면 집안이 화목해질 것이다.

張公藝壽張人. 九世同居, 北齊隋唐皆旌表其門. 高宗封泰山, 幸其宅, 召見公藝, 問其所以能睦族之道. 公藝請紙筆, 以對, 乃書忍字百餘以進. 其意以爲宗族所以不協, 由尊長衣食或有不均, 卑幼禮節或有不備, 更相責望, 遂爲乖爭, 苟能相與忍之, 則家道雍睦矣.

❋

장공예(張公藝, 578~676)는 중국 역사상 치가(治家)의 모범을 보인 인물로 이야기되었다. 동거 가족이 900인에 이르렀다고 한다. 「장씨가훈」으로 백인가(百忍歌)가 전해온다. 장공예의 사적은 『구당서』 「열전」편에 실려 있고, 『소학』에도 인용되었다. 장공예 집안의 9세 동거는 종족이나 문중의 위상이 강화되는 맥락에서 모범 사례로 인용되곤 했다. 특히 율곡 이이는 장공예의 사적을 그림으로 그려놓고 그리워했으며 그 모델을 자신의 집안에 적용했다는 이야기가 행장(行狀) 등에 전한다.

14

범중엄이 종족 공동의 농장을 경영하다
仲淹義莊

범중엄(范仲淹)은 송나라 오현[吳縣, 지금의 장쑤성 쑤저우(蘇州)] 사람이다. 재물을 대수롭지 않게 여기며 베풀기를 좋아했는데, 특히 친척들에게 후했다. 높은 벼슬에 올라서는 고향인 고소(姑蘇, 쑤저우의 옛 이름) 인근에 좋은 밭 수천 무(畝)를 사서 의장(義莊, 종족이 공동 경영하는 농장)으로 만들었는데 종족 중에 가난한 사람들을 구제하기 위한 것이다. 족인 중에 나이 많으면서 어진 사람 한 명을 뽑아 재산을 관리하도록 했다. 한 사람당 하루 먹을 쌀 1되와 1년분 옷감 1필씩을 주었고, 혼사가 있거나 초상이 나면 모두 여기에서 부담하도록 했다. 재상으로 있을 때 고소 땅에 분황제(焚黃祭)를 올리러 와서는 창고에 쌓여 있는 물건을 조사하여 비단 3000필을 찾아냈다. 담당 서리(胥吏)를 시켜 친척과 마을의 지인들을 기록하고 크고 작은 것을 모두 나눠주도록 했다. 그리고 나서 말하기를, "친척과 마을 사람들이 내가 나서 자라고 글을 배워 벼슬하는 것을 보고 기뻐하며 격려해주었으니 내가 어찌 보답하지 않겠습니까?"라고 했다.

范仲淹吳縣人, 輕財好施, 尤厚於族人. 旣貴於姑蘇近郭, 買良田數千畝, 爲義莊, 以養羣從之貧者. 擇族人長而賢者一人主出納. 人日食米一升, 歲衣縑一匹, 嫁娶喪葬皆有瞻給. 自政府出, 歸姑蘇焚黃, 搜外庫, 惟有絹三千匹, 令掌吏, 錄親戚及閭里知舊, 自大及小, 散之皆盡. 曰"宗族鄕黨見我生長, 幼學壯仕, 爲我助喜, 我何以報之哉."

범중엄(范仲淹, 989~1052)은 북송에서 재상을 지냈으며 사상가이자 문학가다. 어릴 때 아버지를 잃고 어머니가 주(朱)씨에게 개가해 가자 이름을 주열(朱說)로 바꾸었다. 나중에 생가를 알아내고 원래 이름을 되찾았다. 범중엄에서 시작된 종족의 경제 단위 '의장(義莊)'이 양쯔강 유역에 널리 퍼졌다고 한다. 정치에 입문해서는 개혁을 추진하며 업적을 남겼다. 문정(文正)이라는 시호를 받아 사후에는 주로 범문정공(范文正公)으로 불렸다. 『범문정공문집(范文正公文集)』 24권과 유명한 산문 「악양루기(岳陽樓記)」가 전한다.

15

문사의 집안 10대가 동거하다
文嗣十世

文嗣十世
元

정문사(鄭文嗣)는 원나라 무주[婺州, 고대 지명으로 지금의 저장성 진화시(金华市)] 사람이다. 그의 집은 10대(代)째 한집에서 살았는데, 거의 240년이나 되었다. 가족들은 돈 한 푼 비단 한 자도 사사롭게 갖지 않았다. 문사가 죽자 사촌 아우 대화(大和)가 가정 경영을 이어받아 주관했는데, 더욱 엄정하면서도 베풀 데는 베풀었다. 집안이 늠름한 것이 마치 관청과 같았다. 자제 중에 조그마한 허물이라도 있으면 머리가 희끗희끗한 사람이라도 매를 받았다. 명절에는 대화(大和)가 대청에 앉으면 많은 조카들이 모두 의관을 갖추고 좌측 아래 줄지어 서 있다가 차례로 올라가 절하고 꿇어앉아 잔을 들어 헌수(獻壽)했다. 헌수를 마치면 모두 공손히 손을 모으고 오른쪽으로 조심스럽게 나갔다. 이를 보는 사람은 모두 감탄하고 부러워했다. 여궐(余闕)은 이 집에 '동절제일가(東浙第一家, 동쪽 저장성에서 제일가는 집이라는 뜻)'라는 글씨를 써주며 칭송했다. 대화는 반듯하여 부처나 노자의 가르침을 신봉하지 않았고, 관혼상제는 반드시 『주자가례』에 따라 행했다. 자손들은 여기에 감화되어 모두 효성스럽고 성실했다. 부인들은 오로지 여자로서의 할 일에 힘쓰며 집안 운영에는 끼어들지 못하게 했다. 집에서 기르는 말 두 마리가 있었는데, 한 마리가 나가고 없으면 남아 있던 한 마리는 먹지 않고 기다렸다. 이것을 본 사람들은 이 집 사람들의 효성과 의리에 감화되어 가축까지 이렇다고 했다.

鄭文嗣婺州人. 其家十世同居, 凡二百四十餘年. 一錢尺帛不敢私. 文嗣沒, 從弟大和繼主家事, 益嚴而有恩. 家中凜如公府. 子弟稍有過, 頒白者猶鞭之.

每歲時, 大和坐堂上, 羣從子皆盛衣冠鴈行, 立左序下, 以次進拜跪奉觴上壽.

畢皆肅容拱手, 自右趨出. 見者嗟慕. 余闕爲書東浙第一家, 以襃之. 大和方正,

不奉浮屠老子敎, 冠婚喪葬必稽『朱子家禮』而行. 子孫從化皆孝謹. 諸婦惟事女

工, 不使預家政. 家畜兩馬, 一出則一爲之不食. 人以爲孝義所感.

　정문사(鄭文嗣)의 사적은 『원사』 「정문사전(鄭文嗣傳)」에 전해오며, 그
가 남긴 작품으로 『가범(家範)』 3권이 전한다. 정문사 집안을 칭송한 글
을 써준 여궐(余闕, 1303~1358)은 원나라에서 한림학사를 지냈으며 저서
로 『청양집(靑陽集)』 6권이 있다.

16

장윤의 종족이 한솥밥을 먹다
張閏同爨

장윤(張閏)은 원나라 연장(延長, 지금의 산시성 북부 지역에 위치) 사람이다. 8대(代)가 함께 살며 솥을 따로 걸지 않아 식구가 100여 명에 이르렀으나 서로를 이간하는 말이 없었다. 부인들은 날마다 함께 모여 길쌈을 하고, 일이 끝나면 이것을 거두어 하나의 곳간에 쌓아두는데, 사사로이 가지는 일이 없었다. 젖먹이가 울면 여러 어미가 보는 대로 안아다가 젖을 먹이고 달래주었다. 한 며느리가 친정에 다니러 가면서 자기 아이를 집에 두고 가면, 다른 며느리들이 모두 자신의 젖을 먹였다. 아무도 누가 자기 아이인지 묻지 않았고 아이 또한 누가 자기 어머니인지 알지 못했다. 장윤의 형 장현(張顯)이 죽자 집안일을 형의 아들 장취(張聚)에게 맡겼다. 조카 취가 사양하며 말하기를, "숙부께서 맡아야 합니다. 숙부가 이 집의 주인이십니다"라고 했다. 장윤은 말하기를, "너는 종자(宗子)다. 조카가 주인이 되어야 한다"라고 했다. 서로 사양하며 오랜 시간을 끌다가 마침에 조카 취가 맡게 되었다. 지원(至元, 원나라 세조의 연호, 1264~1294) 연간에 나라에서 그 집안에 정문을 내렸다.

　　張閏延長人. 八世不異爨, 家人百餘口, 無間言. 日使諸女諸婦, 各聚一室爲女紅, 工畢斂貯一庫, 室無私藏. 幼兒啼泣, 諸母見者卽抱哺. 一婦歸寧, 留其子, 衆婦共乳. 不問孰爲己兒, 兒亦不知孰爲己母也. 兄顯卒, 卽以家事付姪聚. 聚辭曰, "叔父行也. 叔宜主之." 閏曰, "姪宗子也. 姪宜主之." 相讓旣久, 卒以付聚. 至元間旌表其門.

❀

장윤(張閏)의 사적은 『원사』 「장윤전(張閏傳)」에 나온다. 『이륜행실도』
에는 「원백동흔(元伯同爨)」이라는 제목의 똑같은 내용이 실려 있다. 즉
『이륜행실도』의 원백이 『오륜행실도』에서 장윤으로 바뀐 것이다. 조선에
서는 유장원(柳長源)의 『상변통고(常變通攷)』 「거가잡의(居家雜儀)」에 장윤
의 고사가 소개되었다.

	제목	나라	내용	출처
1	**伋壽同死**	衛(春秋)	이복형을 죽이려는 어머니의 간계를 알고 대신 죽은 아우와 뒤따라 죽은 이복형	列女傳
2	卜式分畜	漢	부모가 남긴 가산(家産)을 아우에게 모두 양보했을 뿐 아니라 재물을 탕진한 아우를 다시 구제함	後漢書
3	王琳救弟	漢	부모의 무덤을 지키기 위해 피난하지 않고 아우가 적에게 잡히자 자신을 대신해달라 함	後漢書
4	**許武自穢**	漢	두 아우가 현달하도록 지기를 발휘하여 고생을 시키는 방법으로 분발하도록 이끎	後漢書
5	**鄭均諫兄**	漢	고을의 관리로서 뇌물 받기를 즐기는 형을 자극하여 청렴한 관리가 되도록 이끎	後漢書
6	**趙孝就烹**	漢	도적에게 삶아 먹히게 된 동생을 대신하여 도적의 밥이 될 것을 자청함	後漢書, 太平御覽
7	繆肜自撾	漢	재산 다툼에 여념이 없는 형제들을 부끄럽게 여겨 자신을 회초리로 때려 주변을 감동시킴	後漢書
8	**李充逐婦**	漢	재물을 차지하기 위해 형제 사이를 이간질한 아내를 내쫓아 형제애를 지키려 함	後漢書
9	**姜肱同被**	漢	의가 좋았던 형제들이 도적을 만나자 서로 형제를 살리는 대가로 자신의 희생을 자처함	後漢書·姜肱傳, 高士傳
10	**王覽爭酖**	晉	어머니가 술에 독을 타서 이복형을 죽이려 하는 위기에서 기지를 발휘하여 형을 구해냄	晉書 王祥·王覽傳
11	**庾袞守病**	晉	가족도 포기한 역병에 걸린 형을 지극정성으로 간병하여 살려냄	晉書·庾袞
12	**王密易弟**	晉	도적에게 잡힌 아우를 구해내기 위해 자신의 아들을 대신 바침	
13	蔡廓咨事	宋(南北朝)	형을 아버지처럼 섬기고 관리 생활에서 받은 녹봉을 형에게 바쳐 관리하게 함	南史·蔡廓傳
14	棘薩爭死	宋(南北朝)	아우는 형을 대신하고 형은 아우를 대신하여 죄를 청해 황제를 감동시킨 손극(孫棘)과 손살(孫薩)의 고사	南史·孫棘傳
15	楊氏義讓	北魏(南北朝)	지극한 우애로 세상에 이름을 드날린 양파(楊播)·양춘(楊春)·양진(楊津)의 고사	魏書·楊播傳
16	達之贖弟	南齊(南北朝)	집안 아우 부부가 흉년에 팔려가자 자신의 밭을 팔아 갚아주고 친형제처럼 돌본 오달지(吳達之)의 고사	南齊書 列傳

17	光進反籍	唐	먼저 혼인한 동생 부부에게 가산(家産) 관리를 맡겨 형제가 화목하게 동거한 이광진(李光進)의 고사	
18	德珪死獄	宋	형제가 서로 자신을 대신하여 형을 살리려고 한 정덕규(鄭德珪)와 정덕장(鄭德璋) 형제의 고사	太上感應篇
19	杜衍待兄	宋	부모를 잃고 이복형의 괴롭힘을 당하며 불우하게 지내다 나중에 출세하자 모든 이를 용서함	宋史·杜衍傳」
20	張存布錦	宋	지방관으로 갔다 기이한 비단을 얻어 아내에 앞서 형제들에게 먼저 고르도록 한 장존(張存)의 고사	宋史·張存傳
21	彦霄析籍	宋	형이 낭비벽으로 자신의 몫을 탕진하자 자신의 재물로 형을 구제한 조언소(趙彦霄)의 고사	河南通志
22	道卿引頸	元	도적 앞에서 서로 대신 죽기를 주장하자 도적이 감동하여 모두 풀어주었다는 곽도경(郭道卿)의 고사	元史·郭道卿傳
23	郭全分財	元	아우들에게 좋은 것을 양보하고 자신은 집이나 논밭 등을 낡고 나쁜 것만 가졌다는 곽전(郭全)의 고사	
24	思達義感	元	형제들이 파산하자 벼슬살이에서 번 돈으로 모두 갚아주고 한집에서 산 오사달(吳思達)의 고사	
25	君良斥妻	唐	4대가 한집에서 살며 재물을 공동으로 쓰는데, 아내가 분가를 제안하자 내쫓았다는 고사	(附) 宗族 新唐書
26	公藝書忍	唐	9대가 한집에서 화목하게 동거하는 비결은 참을 인(忍)에서 나온다는 장공예(張公藝)의 고사	舊唐書
27	陳氏羣食	宋	13대째 700명의 식구가 함께 살며 종이나 첩을 두지 않고 화목한 가정을 이끈 진긍(陳兢)의 고사	陳書 陳兢傳
28	仲淹義莊	宋	부귀해지자 종족들을 위한 농장을 마련하여 생활에 필요한 모든 경비를 조달함	宋史, 文正公文集
29	陸氏義居	宋	대대로 한집에 살며 일을 분담하고 자제 교육을 체계적으로 한 육구소(陸九韶)·육구연(陸九淵) 형제의 고사	宋元學案
30	文嗣十世	元	10대 240년째 한집안에 기거하며 마치 공공기관처럼 집안을 질서 있게 운영한 정문사(鄭文嗣)의 고사	元史·鄭文嗣傳
31	張閏同爨	元	8대가 동거하며 공동 생산, 공동 소유, 공동 육아를 실천하며 생활한 장윤(張閏)의 고사	元史·張閏傳

5부

붕우도

『오륜행실도』의 「붕우도」는 『이륜행실도』를 저본으로 하여 붕우 11편에 사생 5편을 더해 16편으로 편성했다. 일반적으로 붕우는 상하·귀천·존비의 개념과 무관하게 도와 덕을 매개로 맺어진 인간관계이고 사생은 학문과 교육으로 맺어진 사제 관계를 가리킨다. 붕우와 사생을 포괄하는 용어로 사우(師友)가 있다. 전통시대의 인간관계에서 유독 붕우나 사생의 관계는 혈연에 얽매이지 않은 개방성과 능동성이 보장된다는 점에서 개인의 영역을 확장시켜주는 측면이 있다.

　붕우 관계는 붕우유신(朋友有信)에 표현된바 신의(信義)가 핵심인데, 『오륜행실도』에서는 우정과 믿음의 구체적인 사례를 보여주고 있다. 주로 위기에 처한 벗을 돕거나 사생(死生)을 달리한 벗과의 약속을 지켜낸 경우들이다. 진정한 우정을 뜻하는 용어 계서지우(雞黍之友)의 주인공

범식(范式)과 장소(張劭)의 관계는 혈연보다 더 진한 감동을 준다. 또 벗이 뜻한 바를 실현하도록 서로 격려하며 함께 성장한 한억(韓億)과 이약곡(李若谷)의 고사는 시대를 초월하여 울림을 주는 우정의 사례라 할 수 있다. 특히 여기서 소개한바 사랑하는 벗을 위해 최선을 다한 후가(侯可)가 북송의 대학자 이정(二程)의 외숙이라는 사실은 이 책을 통한 흥미로운 발견이다. 「형제도」에서 아버지 범중엄(范仲淹)의 종족 사랑이 소개되었다면 「붕우도」에서는 그 아들 범순인(范純仁)의 우정이 소개되었다. 범순인이 벗을 도운 사례는 조선에서도 우정의 모델로 자주 인용되었다.

『오륜행실도』의 사회적 배경인 전통사회에서 붕우나 사생, 이른바 사우(師友) 관계는 가정 밖의 활동이 없었던 여자들에게는 닫힌 관계다. 하지만 소개된 벗이나 사제 간 관계의 원리와 사례는 현대사회에서도 여전히 유효한 주제다. 『오륜행실도』 「붕우도」 16편의 사례는 모두 중국에 국한되는데, 서사 구조가 비교적 단단한 8편을 선정하여 싣는다.

01

범식과 장소가 죽음을 함께하다
范張死友

범식(范式)은 후한(後漢) 때 금향[金鄕, 지금의 산둥성 진샹현(金鄕縣)] 사람으로 자(字)는 거경(巨卿)이다. 젊은 시절 태학(太學)에서 공부할 때 여남[汝南, 지금의 허난성 루난현(汝南縣)] 출신 장소(張劭)와 사귀었는데, 소의 자(字)는 원백(元伯)이다. 공부를 마친 두 사람이 모두 고향으로 돌아가면서 범식이 원백에서 말하기를, "2년 후에 자네 모친께 인사를 올리러 가겠다"라고 했다. 그리고 약속 날짜를 정했다. 그날이 다가오자 원백이 음식을 준비하여 기다리자고 하자 어머니는 "2년을 떨어져 있었고 천 리 길을 말로 약속한 것을 어찌 믿을 수 있겠느냐"라고 했다.

원백이 대답하기를, "거경은 신의가 있는 사람이니 절대 약속을 어기지 않을 것입니다"라고 했다. 어머니는 그렇다면 술을 빚어야겠다고 했다. 약속한 날이 되자 과연 거경이 나타났다. 뒷날 원백이 병이 깊어 위독해졌는데, 탄식하며 말하기를 "내가 범거경을 못 보고 죽는 것이 한스럽다"라고 하며 숨을 거두었다. 그런데 이때 범식의 꿈에 갑자기 원백이 나타나서 말하기를 "거경아, 나는 아무 날 죽었고 아무 날 장사 지낼 것인데, 자네가 아직 나를 잊지 않았거든 올 수 있지 않을까?"라고 했다. 이에 범식은 일어나 말을 급히 몰아 달려갔다. 마침 발인이 끝나고 상여가 장지로 가 있었는데, 관이 앞으로 나아가려고 하지 않았다. 어머니가 관을 어루만지며 말하기를, "원백아! 네가 기다리는 사람이 있는 것이냐?"라고 했다. 이에 상여를 잠시 멈추게 하니 백마가 끄는 흰 수레를 타고 울면서 오는 사람이 있었다. 어머니가 말하기를 "이는 필시 거경이다"라고 했다. 거경이 도착하여 상여를 두드리며 말하기를, "원백이여! 이제 떠나시게나. 죽음과 삶의 길은 다르니, 이것으로 영영 이별이구나." 하면서 상여 끈을 잡고 이끄니 비로소 상여가 앞으로 나아갔다. 범식은 장지에 머물며 무덤을 만들고, 무덤가에 나무를 심은 뒤에 떠나갔다.

> 范式金鄉人字巨卿. 少遊太學與汝南張劭爲友. 劭字元伯. 二人並告歸鄉里. 式謂元伯曰, "後二年當過拜尊親". 乃共剋期日. 期將至, 元伯請設饌以候之, 母曰, "二年之別, 千里結言, 何相信之審耶." 對曰, "巨卿信士, 決不乖違." 母曰, "若然, 當醞酒." 至其日, 巨卿果至. 後元伯疾篤, 歎曰, "恨不見吾死友范巨卿" 尋卒. 式忽夢見元伯, 呼曰, "巨卿 吾以某日死, 某時葬, 子未我忘, 豈能相及." 式便馳往赴之, 喪已發引, 旣至壙, 而柩不肯進. 其母撫之曰, "元伯豈有望耶." 遂停柩移時, 乃見有素車白馬號哭而來. 母曰, "是必巨卿也." 巨卿旣至, 叩喪言曰, "行矣元伯, 死生異路, 永從此辭." 式因引柩, 於是乃前. 式遂留止冢次, 爲 脩墳樹而去.

❋

범식(范式)과 장소(張劭)의 고사는 『후한서』 「독행열전(獨行列傳)」 '범식(范式)'에 나온다. 『태평어람』 권407에서는 진정한 우정을 계서지우(雞黍之友)라 하는데, 그 고사의 배경이 범식과 장소의 우정에 있다고 했다. 장소가 벗 범식을 위해 닭을 잡고 기장밥을 해놓고 기다린 것에서 나온 것이다. 이후 '계서(雞黍)'는 우정을 의미하는 보통명사가 되었는데, 조선시대 문집에서도 자주 보인다. 또 벗을 추모하는 제문에서 범식과 장소의 고사가 자주 인용되었다. 벗과의 신의나 우정을 뜻하는 용어로 계서약(雞黍約) 또는 거경지신(巨卿之信)이 있는데, 거경지신은 범식의 자 거경(巨卿)에서 취한 것이다.

02

오보안과 곽중상이 서로 은혜를 갚다
吳郭相報

오보안(吳保安)은 당(唐)나라 위주(魏州, 지금의 허베이성 소재) 사람이다. 곽중상(郭仲翔)과 한마을에서 살았다. 요주도독(姚州都督) 이몽(李蒙)의 판관이 된 중상이 오보안의 궁핍함을 애처롭게 여겨 장서기(掌書記)로 힘써 추천했다. 훗날 중상이 남쪽 오랑캐에게 사로잡혔는데, 그들이 비단 1000필을 바쳐야 풀어주겠다고 했다. 보안이 재물을 주고 중상을 구해내고자 하나 재물이 없었다. 그래서 열심히 장사를 해서 10년 만에 비단 700필을 장만했다. 그러는 사이 보안은 처자식을 수주(遂州) 땅에 남겨두었는데, 식구들이 보안이 있는 곳을 찾아 요주(姚州)에 이르러서는 지쳐 더 이상 앞으로 나가지 못했다. 도독 양안거(楊安居)가 이 사실을 알고 기이하게 여겨 그들을 돕고자 보안을 찾아냈다. 그리고 보안에게 말하기를, "그대는 가족을 버리고 벗의 환난을 더 급하게 여긴 것인데 어찌 이토록 지극한가? 내가 재물을 내어 그대의 부족한 것을 도와주었으면 하오"라고 했다. 보안이 크게 기뻐하며 비단을 오랑캐에게 주어 곽중상을 구해 돌아왔다. 후에 중상이 어머니의 상(喪)을 당해 3년상을 다 치르고 나서 이르기를, "내가 오공(吳公)의 덕으로 살아났는데 이제는 부모가 돌아가셨으므로 내 뜻대로 할 것이다"라고 하였다.

　　당시 보안은 팽산승(彭山丞)으로 있다가 객사했고 그 아내도 죽었는데, 시신이 고향으로 아직 돌아오지 못했다. 이에 곽중상은 상복을 입고 시신을 거두어 지고 돌아와 장례를 치르고 3년 동안 여묘살이를 하고 떠났다. 곽중상은 또 친구 보안의 아들을 데려다가 장가를 들이고 훗날 자신의 벼슬을 물려주었다.

吳保安魏州人. 與郭仲翔居同里. 仲翔爲姚州都督李蒙判官. 哀其窮力薦之表爲掌書記. 後仲翔被執於蠻, 必求千縑乃肯贖. 保安營贖仲翔苦無資乃力居貨十年得縑七百. 妻子客遂州間關求保安所在困姚州不能進. 都督楊安居知狀, 異其故, 資以行, 求保安得之. 引與語曰, "子棄家急朋友之患, 至是乎. 吾請貸爲賚助子之乏." 保安大喜, 即委縑于蠻, 得仲翔以歸. 後仲翔居母喪, 及服除, 喟曰, "吾賴吳公生, 今親沒, 可行其志." 時保安以彭山丞客死, 妻亦沒, 喪不克歸. 仲翔爲服縗絰, 囊骨徒跣負之歸葬, 廬墓三年乃去. 迎保安子爲娶妻, 而讓以官.

　　오보안(吳保安)과 곽중상(郭仲翔)의 고사는 우정의 한 유형을 보여준다. 『신당서』 「오보안전(吳保安傳)」, 『당서』 「충의전(忠義傳)」 등에 실려 있다. 조선에서 그들의 고사는 정약용에 의해 '한당(漢唐)에서 행해진 붕우의 복상(服喪) 사례'로 언급되었다. 즉 오보안이 죽자 벗 곽중상이 상복을 입고 시신을 거두어 고향에 장사 지내고 3년 동안 여묘살이 한 것을 인용했다(『여유당전서』 권3 『상례사전(喪禮四箋)』 권16).

03

이면이 금을 돌려주다
李勉還金

이면(李勉)은 당나라 경조(京兆) 사람이다. 젊을 때 가난했는데, 양송[梁宋, 지금의 허난성 상치우(商丘)] 땅에 갔다가 여러 서생들과 함께 여관에 묵었다. 그때 서생 하나가 병이 나 죽게 되었다. 백금 덩어리를 꺼내더니 이면에게 말하기를, "이것을 아는 사람은 아무도 없소. 이것으로 나를 장사 지내주고 남은 것은 그대가 가지면 좋겠소"라고 했다. 이면이 그러겠다고 하고 그를 장사 지내주었다. 그리고 남은 금은 아무도 모르게 관 밑에 숨겨두었다. 훗날 그의 집안에서 이면에게 인사하러 찾아왔다. 이면은 그들과 함께 선비의 무덤을 열고 금을 꺼내 주었다.

李勉京兆人. 少貧, 客梁宋與諸生共逆旅. 諸生疾且死, 出白金曰, "左右無
知者, 幸君以此爲我葬, 餘則君自取之." 勉許諾, 旣葬, 密置餘金棺下. 後其家
謁勉, 共啓墓, 出金付之.

✲

이면(李勉)의 사적은 「이면매금(李勉埋金)」의 제목으로 『상서잡록(常書雜錄)』에 실려 있다.

04

서회가 신의를 저버리지 않다
徐晦不負

서회(徐晦)는 젊어서부터 양빙(楊憑)과 사이가 좋았다. 그런데 양빙이 죄를 얻어 벼슬이 임하위[臨賀尉, 임하는 지금의 광시성 허현(賀縣)]로 좌천되었다. 그러자 인척과 벗들이 그의 죄에 연루될 것을 꺼려 아무도 찾아보는 이가 없었다. 오로지 서회만이 남전(藍田)으로 가서 술잔을 기울이며 양빙을 위로했다. 이때 재상 권덕여(權德輿)가 서회를 보고 말하기를, "그대가 임하위를 전송하는 정성이 이렇듯 후하니 어찌 연루되는 바가 없겠는가?"라고 했다. 이에 서회가 말했다. "벼슬하기 전부터 임하위 양빙을 사귀어왔는데, 지금 갑자기 그를 버릴 수 있겠소? 뒷날 혹 공께서 간사한 무리에게 모함을 당해 내처지게 된다면 또한 이처럼 하지 않겠소?" 권덕여는 서회의 곧음에 감탄하며 조정에 나아가서 칭찬하자 이이간(李夷簡)이 서회를 감찰어사에 추천했다. 이에 서회가 이이간을 찾아가 감사의 뜻을 전하고 자신을 추천한 연유를 물었다. 이이간이 말하기를, "그대는 임하위 양빙도 저버리지 않았는데, 어찌 나라를 저버리겠소?"라고 했다.

徐晦少爲, 楊憑所善. 憑得罪貶臨賀尉, 姻友憚累, 無往候者. 獨晦至藍田
慰餞. 宰相權德輿謂曰, "君送臨賀誠厚, 無乃爲累乎." 晦曰, "方布衣時, 臨賀
知我. 今忍遽棄耶. 有如公異時, 爲奸邪譖斥, 又可爾乎." 德輿歎其直, 稱之朝,
李夷簡遽表爲監察御史. 晦過謝, 問所以擧之之由. 夷簡曰, "君不負楊臨賀, 肯
負國乎."

서회(徐晦, 760~838)는 802년(당 덕종)에 장원 급제했고, 양빙(楊憑)의 추천으로 현량방정(賢良方正)에 오르고 역양위(櫟陽尉)에 제수되었다. 경조윤(京兆尹) 양빙이 죄를 얻어 임하위에 좌천되어 갈 때 그의 벗인 권 덕여는 감히 송별을 해주지 못했다. 이 고사는 이러한 역사적 배경을 가지는 것으로 『구당서』「서회전(徐晦傳)」에 나온다. 양빙은 아우 양응(楊凝)과 양릉(楊凌)과 함께 시문으로도 이름이 났다. 이들이 함께 과거에 급제하자, 사람들은 그들을 삼양(三楊)이라고 불렀다.

05

한억과 이약곡이 번갈아 종노릇하다
韓李更僕

한억(韓億)은 송나라 옹구[雍丘, 지금의 허난성 치현(杞縣)] 사람이고 이약곡(李若谷)은 서주[徐州, 지금의 장쑤성 소재, 고대에는 팽성(彭城)으로도 불림] 사람이다. 아직 급제하지 못했을 때 둘 다 가난했는데, 서울로 과거 보러 갈 때마다 서로 번갈아 종노릇을 했다. 그러다가 이약곡이 먼저 급제하여 장사현(長社縣) 주부(主簿)가 되어 부임해 가는데, 약곡은 아내가 탄 나귀를 몰고 친구 한억은 약곡의 짐 상자를 지고 갔다. 부임할 고을을 30리 앞에 두고 이약곡이 한억에게 말하기를, "고을 관리들이 마중 나올까 걱정이네"라고 했다. 이어 상자에 있던 돈 600냥을 나누어 그 절반을 한억에게 주고는 서로 붙들고 통곡하고 헤어졌다. 나중에 한억도 과거에 급제하여 벼슬길에 들어섰다. 이들은 모두 정승의 자리에 올랐으며 집안끼리 서로 혼인하여 대대로 우정을 이어갔다.

韓億雍丘人, 李若谷徐州人. 未第時皆貧, 同試京師每出謁更爲僕. 李先登第, 授長社縣主簿赴官, 自控妻驢, 億爲負一箱. 將至縣三十里, 李謂韓曰, "恐縣吏來." 箱中只有錢六百, 以其半遺韓, 相持大哭而去. 後擧韓亦登第, 仕皆至叅政, 爲婚姻不絶.

❋

한억(韓億)은 송나라 진종(眞宗) 때 진사가 되어 재상 왕단(王旦)의 사위가 되었다. 계속 승진하여 주요 직책을 맡다가 태자소부(太子少傅)로 관직 생활을 마감했다. 아들을 여덟 명 두었는데, 집안 경영에 엄격하여 두 아들도 재상을 지냈다. 한억의 사적은『송사』「한억열전(韓億列傳)」에 나온다. 조선후기 정약용은 한억의 고사를 집안을 잘 다스린 사례로 인용하는데, 지방관으로 부임하며 부모를 검소하게 모시고 간 사실을 부각했다(『목민심서』「제가(齊家)」).

06

순인이 보리를 배에 싣다
純仁麥舟

범순인(范純仁)은 송나라 범중엄(范仲淹)의 아들이다. 범중엄이 수양(睢陽)에 있을 때 순인에게 고소(姑蘇, 쑤저우의 옛 이름)로 가서 밀 500석을 운반해오도록 했다. 순인이 아직 젊었을 때다. 아버지의 분부대로 밀을 싣고 배를 돌려 오다가 단양(丹陽)에 이르러 석만경(石曼卿)을 만났다. 순인은 만경에게 묻기를, "어찌 여기 오래 머무는가?"라고 하자 만경이 말했다. "두 달째 여기 머물고 있다네. 초상을 세 번이나 치르게 되어 임시로 매장해놓고 북쪽으로 돌아가려고 하는데, 함께 일해줄 사람이 없네"라고 했다. 이에 순인은 싣고 가던 밀을 내려 곤경에 처한 옛 친구 만경에게 주고 혼자 말을 타고 집으로 돌아왔다. 아버지에게 절을 올리고 곁에 서 있는데, 한참 지나 범중엄이 물었다. "동오(東吳)의 친구는 만나보고 왔느냐?" 순인이 말하기를, "만경이 연거푸 상(喪)을 세 번이나 당했는데, 장사를 치르지 못하여 단양에 머물러 있었습니다. 이제는 곽원진(郭元振) 같은 사람이 없으니 어디 가서 이 일을 의논하느냐고 했습니다"라고 했다. 아들의 말을 들은 범중엄이 말했다. "어찌하여 배에 실은 밀을 주지 않았느냐?" 순인이 말하기를, "주고 왔습니다"라고 했다.

范純仁仲淹子. 仲淹在睢陽, 純仁到姑蘇, 搬麥五百斛. 純仁時尙少. 旣還舟次丹陽, 見石曼卿. 問, "寄此久何也." 曼卿曰, "兩月矣. 三喪在淺土, 欲葬而北歸, 無可與謀者." 純仁以所載麥舟付之, 單騎到家. 拜起侍立良久, 仲淹曰, "東吳見故舊乎." 曰, "曼卿爲三喪未擧, 方留滯丹陽, 時無郭元振無可告者." 仲淹曰, "何不以麥舟與之." 純仁曰, "付之矣."

범순인(范純仁, 1027~1101)은 소주(蘇州) 오현(吳縣) 사람이다. 명재상 범중엄의 둘째 아들로 북송의 학자이자 정치가다. 정치적 입장은 사마광과 뜻을 같이한 보수파에 속했다. 석만경(石曼卿, 994~1041)은 이름이 연년(延年)으로 송대의 문학가이자 서예가다. 범순인이 벗을 도운 사례는 조선에서도 우정의 모델로 자주 인용되었다. 범순인은 충선(忠宣)이라는 시호를 받았고『범충선공집』50권 등의 저서를 남겼다.『송사』「범순인전」,『범충선공행장』등에 그의 사적이 실려 있다. 아버지 범중엄은 종족을 돌본 것으로 유명한데, 그 경영에 대해서는 이 책「형제도」'범중엄이 종족 공동의 농장을 경영하다(仲淹義莊)'에서 소개했다.

07

후가가 벗에게 의원을 구해주다
侯可求醫

후가(候可)는 송나라 화주(華州, 지금의 산시성 소재) 사람으로 화원[華原, 지금의 산시성 야오현(耀縣)]의 주부(主簿)가 되었다. 어릴 때부터 전안(田顔)과 벗으로 지냈다. 전안이 병이 들어 위중하자 후가가 약을 구하러 천 리 길을 떠났는데, 그가 돌아오기도 전에 전안이 죽었다. 전안이 눈을 감지 못한 채 죽자 사람들이 말하기를, "후가를 기다리는 것이로구나"라고 했다. 막 염을 하려는데, 후가가 도착하여 손으로 어루만지자 전안이 눈을 감았다. 전안에게 자식이 없어 장사를 치르지 못하자 후가가 백방으로 뛰어다니며 일을 하고 옷가지를 팔아 보태어 마침내 장사를 치렀다. 마침 날씨가 추웠는데도 후가가 홑옷을 입고 일을 하자 그에게 어떤 사람이 백금을 주었다. 후가는 전안의 누이가 처녀로 있는 것을 알고 금을 그 누이에게 주어 혼수 비용으로 쓰도록 했다. 어느 날 먼 길에서 돌아와 보니 아내가 궁핍한 사정을 말했다. 집안 살림이 궁핍하다고 했다. 그때 마침 벗 곽행(郭行)이 문을 두드리며 말하기를, "아버지가 병이 들어 의원에게 보이려 하는데 의원이 돈을 많이 요구하여 내 집을 팔아도 감당할 수가 없구나"라고 했다. 이에 후가는 측은한 마음에 행장 안에 든 돈을 세어보니 벗이 말한 의원의 치료비에 얼추 맞아 모두 건네주었다. 관중(關中) 사람들이 모두 그의 어짊을 칭찬했다.

候可華州人, 爲華原主簿. 少與田顔爲友, 顔病重千里爲求醫. 未歸而顔死, 目不瞑. 人曰, "其待候君乎." 且斂而可至, 拊之乃瞑. 顔無子不克葬, 可辛勤百營, 鬻衣相役, 卒葬之. 方天寒單衣以居, 有饋白金者. 顧顔之妹處室, 擧以佐

其窳具. 一日自遠歸, 家以褒告. 適友人郭行, 扣門曰, "吾父病, 醫邀錢百千,

賣吾廬而不可雋." 可惻然, 計橐中裝, 略當其數, 盡與之. 關中稱爲賢.

『양천시지(陽泉市志)』에 의하면 후가(侯可)는 자가 무가(无可)이고 화음
(華陰) 사람으로 북송의 현신(賢臣)이다. 그 아버지 후도제(侯道濟)는 북
송의 재상을 지냈는데, 그의 딸이 북송의 저명한 학자 정호(程顥)·정이
(程頤)의 어머니다. 따라서 후가는 정씨 형제의 외숙이 된다. 모성의 전범
(典範)으로 중국과 조선에서 지속적으로 담론화된 인물 후부인(侯夫人)
이 바로 후가의 누나다. 조선에서는 중국의 후부인과 조선의 신사임당
을 비교하며 두 여성의 자녀 교육을 부각시키는 담론을 생산해내었다.

08

원정이 주희와 마주 앉아 토론하다
元定對榻

채원정(蔡元定)은 송나라 건양(建陽, 푸젠성) 사람이다. 아버지 채발(蔡發)이 많은 책을 두루 읽고, 아들에게 『정씨어록(程氏語錄)』[정이(程頤)의 말을 실은 책]과 『소씨경세서(邵氏經世書)』[소옹(邵雍)의 『황극경세서(皇極經世書)』를 말함], 장씨[張氏, 장재(張載)]의 『정몽(正蒙)』을 주며 말했다. "이것은 공맹(孔孟)의 정통을 잇는 책들이다." 원정은 아버지의 가르침을 받아 그 책들의 이치를 깊이 터득했고, 성장해서는 더욱 정밀하게 분석해내었다. 서산(西山)의 꼭대기에 올라가 굶주림을 참고 나물로 요기하면서 글을 읽었다. 그러던 중 주자(朱子)의 명성을 듣고 제자가 되고자 찾아갔다. 이에 주희는 원정에게 그동안 공부한 것을 묻고는 매우 놀라워하며 말했다. "이 사람은 나의 벗이지 제자의 반열에 있을 사람이 아니다." 마침내 책상을 마주하고 앉아 여러 경전의 깊은 뜻을 토론했는데, 매번 밤중까지 이르곤 했다. 주자는 사방에서 배우기 위해 사람들이 자신을 찾아오면 반드시 채원정에게 먼저 물어 해결하도록 했다.

　蔡元定建陽人. 父發博覽羣書, 以程氏語錄邵氏經世書張氏正蒙授元定. 曰 "此孔孟正脉也." 元定深通其義, 旣長辨析益精. 登西山絶頂, 忍飢食齎讀書. 聞朱子名往師之, 朱子叩其學大驚, 曰 "此吾老友也, 不當在弟子列." 遂與對楊, 講論諸經奧義, 每至夜分. 四方來學者, 必俾先從元定質正焉.

　채원정(蔡元定, 1135~1198)은 이학(理學)과 율려학(律呂學)에 정통한 남송의 저명한 학자다. 주희 이학을 창건한 한 사람으로 서산(西山) 선생으로도 불린다. 저서로 『율려신서(律呂新書)』, 『서산공집(西山公集)』 등이 있다. 『송사』 「채원정전(蔡元定傳)」과 「서산선생채공묘지명(西山先生蔡公墓志銘)」 등에 그의 사적이 나와 있다.

	제목	나라	내용	출처
1	樓護養呂	漢	오갈 데 없는 벗과 그 가족들을 데려와 함께 살며 죽을 때까지 친동기간처럼 지낸 누호(樓護)의 고사	漢書·游俠傳
2	范張死友	漢	태학의 동기로서 헤어질 때 한 약속을 지켰고 죽어서도 잊지 못한 범식(范式)과 장소(張劭)의 우정	後漢書·范式傳
3	張裔恤孤	蜀(三國)	벗 양공(楊恭)의 죽음으로 남겨진 그의 처자식과 모친을 돌보고 생계를 잇게 해준 장예(張裔)의 고사	三国志·張裔傳
4	道琮尋屍	唐	같은 일로 귀양 가던 동료가 도중에 죽자 유골을 수습하여 고향으로 보내겠다는 약조를 지킨 나도종(羅道琮)의 고사	舊唐書·羅道琮
5	吳郭相報	唐	자신에게 은혜를 베푼 벗을 위해 온몸으로 되갚은 오보안(吳保安)과 곽중상(郭仲翔)의 우정	新唐書·吳保安傳
6	李勉還金	唐	갑자기 죽게 된 선비가 맡긴 금덩이를 장례비용으로 쓰고, 남은 것을 그 후손에게 돌려준 이면(李勉)의 고사	常書雜錄
7	徐晦不負	唐	죄에 연루될 위험을 무릅쓰고 옛 친구에 대한 신의를 저버리지 않은 서회(徐晦)의 고사	舊唐書 徐晦傳
8	查道傾橐	宋	친지들이 걷어준 3만 냥으로 과거 길에 올랐다가 도중에 아버지의 벗을 위해 그 돈을 장례비용으로 내놓은 사도(查道)의 고사	宋史·查道傳
9	韓李更僕	宋	과거 길과 부임할 때 가난하여 종을 댈 수가 없자 벗이 번갈아 종노릇을 했다는 한억(韓億)과 이약곡(李若谷)의 고사	宋史·韓億列傳
10	純仁麥舟	宋	아버지의 심부름으로 밀 500석을 싣고 오다가 곤경에 처한 벗을 돕는 데 몽땅 쓰고 온 범순인(范純仁)의 고사	宋史·范纯仁傳
11	侯可求醫	宋	벗에게 의원을 구해주고 벗의 장례까지 치르자, 귀인이 백금을 주었는데, 그 돈을 벗의 누이 혼수 비용으로 쓴 후가(侯可)의 고사	宋史·侯可傳
12	云敞自効	漢	왕망의 노여움으로 극형을 받은 오장의 제자 1000여 명이 화를 입을까 스승을 부정할 때 홀로 제자의 도리를 다한 운창(云敞)의 고사	이후 (附)師生 漢書·楊胡朱梅云傳
13	桓榮奔喪	漢	스승 주보(朱普)가 죽자 생업을 버리고 달려가 초상을 치르고 고향의 흙을 져다 무덤을 만들어준 환영(桓榮)의 고사	後漢書·桓榮丁鴻列傳

14	牽招斂殯	魏(三國)	스승이 죽자 난리 통에도 염습하여 장지로 가다가 도적을 만나 온갖 역경을 겪으면서도 스승을 잘 모심	三国志·魏書·滿田牽郭傳
15	楊時立雪	宋	정호의 제자로 스승의 부음을 듣고 자신의 방에 위패를 만들어 곡을 한 양시(楊時)의 고사	宋史·楊時傳
16	**元定對榻**	宋	아버지의 가르침과 독학으로 학문을 연마하다가 주희를 찾아가 제자를 자임했으나 그를 알아본 주희가 벗으로 예우하여 마주 앉아 토론했다는 채원정(蔡元定)의 고사	宋史·蔡元定傳

| 찾아보기 |

역해자
이숙인

성균관대학교 동양철학과를 졸업하고 동 대학원에서 중국 고대 경전을 통한 여성사상을 연구했다. 동아시아학술원, 한국학중앙연구원 연구교수를 거쳐 현재 서울대 규장각 한국학연구원에서 한국 사상 및 고전 여성 연구를 수행하고 있다. 저서로『정절의 역사』『동아시아 고대의 여성사상』『신사임당』등이 있고, 역서로『열녀전』『여사서』가 있다.

오륜행실도

그림과 이야기로 배우는 사람답게 사는 법

1판 1쇄 펴냄 | 2019년 10월 18일
1판 2쇄 펴냄 | 2020년 8월 10일

역해자 | 이숙인
펴낸이 | 김정호
펴낸곳 | 아카넷

출판등록 2000년 1월 24일(제406-2000-000012호.)
10881 경기도 파주시 회동길 445-3 2층
전화 031-955-9510(편집)·031-955-9514(주문) | 팩시밀리 031-955-9519
책임편집 | 김일수
www.acanet.co.kr | www.phildam.net

ⓒ 이숙인, 2019

Printed in Paju, Korea.

ISBN 978-89-5733-649-6 94080
ISBN 978-89-5733-230-6 (세트)

이 도서의 국립중앙도서관 출판시도서목록(CIP)은
서지정보유통지원시스템 홈페이지(http://seoji.nl.go.kr)와
국가자료공동목록시스템(http://www.nl.go.kr/kolisnet)에서
이용하실 수 있습니다.(CIP제어번호: CIP2019038424)